U0667952

让知识成为每个人的力量

前途丛书 THE GREAT EXPECTATION 〉

这就是保险代理人

INSURANCE AGENT

对冲人生风险的规划顾问

战轶 / 编著

新星出版社 NEW STAR PRESS

"前途丛书"使用指南

1. 这是一套现代职业说明书。

2. 社会分工日益精细，行业快速迭代。只有专业，才有前途。快速了解一个行业，精进成为专家，事关行业中每个人的前途。

3. 丛书特别适合以下几类人群：为子女规划未来的父母，高中和大学阶段的学生，刚刚步入职场的新鲜人，入行多年遇到发展瓶颈的职场人，以及从事职业生涯规划的专业人士。当然，如果你有充沛的好奇心，或者正在规划职业道路切换，它也很适合你。

4. 丛书涉猎的范围，既包括会计师、律师、医生这样的传统职业，也有投资人、软件工程师等热门职业，还有电竞选手、主播等新兴职业。

5. 丛书运用最新的知识挖掘技术，采访行业顶尖高手，提取从新手到高手的进阶经验，用顶尖人才的视野呈现"何谓专业""如何专业"。

6. 丛书为你安排的行进路线如下：

"行业地图"——站在高处俯瞰职业全貌；

"新手上路"——提供新人快速进入工作状态的抓手；

"进阶通道"——展现从业人员的进阶路径与方法；

"高手修养"——剧透行业高手的管理智慧和独特心法；

"行业大神"——领略行业顶端的风景；

"行业清单"——罗列行业黑话、推荐书目等"趁手"的工具，方便查阅。

7. 行进路上，你会看到多篇短小精悍的文章，每篇文章之后都附有行业高手的名字。文章之间穿插着的彩色楷体字，是编者加入的补充说明的文字，希望借由编者的"外行视角"，带你了解这一行的总体样貌。

8. 推荐特别关注受访行业高手的动态，他们在一定程度上代表了行业动向。

9. 丛书出版前，我们向专业从业人员和大众读者发起了审读。这套丛书，体现了许多无法一一具名的审读人的智慧。

10. 这是一项不断生长的知识工程。你如果有其他想要了解的职业，又或者你是某个行业资深的专家，愿意分享你的经验，欢迎与我们邮件联络（contribution@luojilab.com）。

丛书总策划：白丽丽

向贡献宝贵经验的 5 位行业高手

李璞　程智雄　吴洪　吴征宇　张威华

致敬

目录

CONTENTS

第一部分 ┃ 行业地图

第二部分 ┃ 新手上路

◎ 入行

◎ 基本功

◎ 开拓客户

◎拜访客户

◎和客户沟通

◎ 保险方案

◎ 关注客户本身

◎ 转介绍

第三部分 ┃ 进阶通道

◎ 业务上快速提升

◎ 开拓中高端客户

第四部分 ┃ 高手修养

◎ 多维度的能力

◎ 带团队的心法

第五部分 ┃ 行业大神

第六部分 ｜ 行业清单

第一部分

行业地图

保险代理人这个职业太特殊了。一方面，保险代理人数量庞大，但淘汰率极高，存活下来的新人少之又少。在很多人眼里，这是一个既不体面又不稳定的职业。

　　另一方面，这一职业又有巨大的发展空间。在过去的几十年里，中国保险业有了飞速的发展，保费总量更是达到全球第二，很多保险代理人也拥有不菲的收入。

　　很少有哪个职业像保险代理人一样，毁誉参半，一边担负着污名，一边又取得了炫目的成就。你也许会问，保险代理人到底是怎样的一个职业呢？

　　在行业地图部分，我们会从误解、壁垒、机遇、红利等维度，带你了解。

空间：中国保险业，人员未饱和

你可能有一个感觉，身边的保险代理人太多了，朋友圈各种卖保险的，亲朋好友也陆续有人转行卖保险，隔三差五接到的保险推销电话就更别提了……这难免让你产生疑惑：保险业还缺人吗？是不是早就人员饱和了呢？

要回答这个问题，我们先来看两个数据。

第一，从人员规模上看，一个成熟稳定市场需要的保险业务人员数量是总社会人数的1%。什么叫成熟稳定市场呢？就是人均保单数量达到一张。我国目前的人均保单数量已经达到1.7张，妥妥地算是成熟稳定市场。但是，我国有14亿人口，乘上1%，就意味着，我国需要的保险业务人员数量是1400万。而现有的保险业务人员是1100万人，显然没达到，而且还有300万的缺口。

第二，上面说的1400万人，指的可是真正以保险为业干到退休的"终身"从业者。但中国这1100万从业人员里，只有40%~60%的人是符合这个标准的。你可能也见过身边有人干几个月就不干了，其实一半左右的保险业务人员都是如此。

我们不能只看到总人数的多，要知道，这里头进进出出的流动性太大了。

把这两个数据放在一起对比——市场需要 1400 万稳定的从业人员，而实际上满足这一条件的现有从业人员只有 440～660 万人——你就知道，**我国保险业从业人员数量不仅不饱和，还有着巨大缺口，需要现有稳定从业人员增长两倍甚至三倍。**

－李璞－

机遇：保险业的黄金时代
才刚刚开始

你可能知道中国保险业在过去几十年里有了飞速的发展，总保费规模甚至已经达到了全球第二。因此很多人会问，保险业的黄金年代是不是已经过去了？

我的答案是，不但没有过去，反而刚刚开始。

对此，我是非常有信心的。这种信心不是个人的乐观主义，而是有预测数据支持的。

从宏观的发展趋势看，一个国家的人均 GDP 达到 2000 美元后，保费规模开始大规模增长；人均 GDP 在 6000 ~ 8000 美元的时候，从业人员规模大幅增长；而人均 GDP 跨过中等收入陷阱，即过了 1 万美元以后，保险密度（人均购买保险的保费数量）、保险深度（总保费收入占 GDP 的比值）都会大幅度增加。这基本上是全世界保险行业的发展规律，美国、日本等发达国家都是这么过来的。

那我们国家目前处于什么水准呢？看保费总量，全球第二；

看保险深度和保险密度，瑞再研究院的报告显示，2019 年，我国的这两项数据不仅远落后于美国、日本、芬兰等国，还低于智利、巴哈马、纳米比亚等。[1]

无论从保费总量看，还是从保险密度、保险深度看，未来中国保险业都会有巨大的发展空间。

先看保费总量。瑞再研究院在 2019 年发布的报告《世界保险业：重心继续东移》[2] 中称：中国有望在 2030 年代中期超越美国，成为全球最大的保险市场。

要注意，这个全球第二到全球最大，可不是第二名 89 分、第一名 90 分的差距。2018 年，美国的总保费收入是 14694 亿美元，中国则是 5749 亿美元——即便美国的保费总量保持不变，中国的总量也要增长近万亿，才能超过美国。你想想看，一个行业要在未来 10 年增长万亿，那是什么样的发展速度。

1　瑞再研究院，《世界保险：度过 2020 年的大流行风暴》，https://www.swissre.com/dam/jcr:864e8938-3d3c-48cc-a3d7-8682962971e7/sigma-4-2020-extra-complete.pdf，访问时间 2020 年 6 月 13 日。

2　瑞再研究院，《世界保险业：重心继续东移》，https://www.swissre.com/dam/jcr:401c5097-a023-4c97-a7fe-59b5de47c362/sigma3_2019_ch.pdf，访问时间 2020 年 6 月 13 日。

再看保险深度和保险密度，我们国家现在这两个指标的发展水平，大概是美国 1830 年代的水平。

到 2030 年，我们要在保费总量上超过美国，即便保险深度和密度达不到美国的水平，也是用 10 年的时间来缩短 200 年的距离。那这一行的发展速度和发展红利，都是难以想象的。

－李璞－

冲击：互联网保险不会颠覆保险业，而是补充

03

以前，保险是一个靠大量人力进行销售的行当。但随着互联网的发展，很多保险在网上就能买，根本用不着销售人员。那么问题来了，未来保险业会不会被互联网颠覆，不再需要靠人销售了呢？

结论我先告诉你，就是不会。为什么呢？

互联网上卖得好的保险产品，大部分都是基于场景设计的。这是什么意思？举两个简单的例子，我们在淘宝下单付款时，都会提示勾选一个运费险；在各种 App 上买机票时，也会有一个航延险的提示。这些都是我们平时不会专门去买，但是在一些特定场景下，会搭配购买的保险产品。

但是，如果你要买的保险价格高，又比较复杂，该怎么办？再有，两种重疾险，条款不一样，你该选哪个？全家老小五口人的保险该怎么配置？父母的重疾险、养老险该怎么上，上多少才能达到真正的保障？这些问题，都不是你凭借常识就能考虑周全的，必须得有一个保险代理人作为专业人

士和责任攸关人，为你把关。

当然，这几年互联网上也出现了如养老险、重疾险等保险产品，但必须说明的是，互联网上服务的和传统线下服务的可以说是两类顾客，满足的是两种消费需求。

比如，线上产品通常是消费型的（在保险期限内，风险没有发生，保险公司不会把保费退给你），价格也比较便宜；线下产品则是非消费型居多（风险没发生，客户选择退保，保险公司退还保单现金价值），价格也要贵一些。线上产品的保障期限比较短，通常只有一年；线下产品往往会保几十年甚至终生。买了线上产品，申请理赔需要自己办理，比较麻烦；而线下产品会有保险代理人帮忙办理。

也就是说，跟线下的相比，互联网上的保险产品具有低价、好选购的特点，这让后者成为很多年轻、健康、经济基础较弱或追求高性价比的人群的保障补充方案。

中国保险行业协会发布的数据显示，从 2012 年至 2017 年，保险行业每年的增长规模都远远超过了互联网保险的保费规模。也就是说，**互联网保险并不是在切分或颠覆原有的市场，而是和传统销售渠道一起，把整个蛋糕做大。**

表 1-1

单位：亿元

年份	2012 年	2013 年	2014 年	2015 年	2016 年	2017 年
保险业增长规模	1149	1734	3013	4048	6676	5622
互联网保险保费规模	111	318	859	2234	2299	1876

数据来源：艾瑞咨询，《2019 年中国互联网保险行业研究报告》，http:// report.iresearch.cn/report_pdf.aspx?id=3392。

所以，**无论是互联网上新出现的险种，还是传统保险产品的线上形态，都是对现有保险业的有利补充，而不是取代或者颠覆。**

－李璞－

壁垒："不体面"是条护城河

04

"卖保险多没面子""卖保险总得点头哈腰，太没尊严了""如果卖保险，别人都会把自己当成骗子""见到亲戚朋友，都不好意思说自己是卖保险的"……这是普通人脑海中对保险代理人的惯常印象——不体面。

很多时候，保险代理人似乎变成了没什么学历、能力或走投无路的人才会做的选择。

但换个角度看，反倒是这种普遍的误解，让很多人，特别是比较优秀的人对这个职业避而远之，从而在客观上形成这样一种局面：真正进入这行的人，出头的机会相对多一些。对于一般人来说，这未尝不是好的选择。

如果一个职业，既能给你极高的收入，又会给你很高的社会地位，那里一定挤满了精英，竞争异常惨烈。甚至早就一个萝卜一个坑，位置被占满了，一般人还有机会吗？反观保险代理人这一行，虽然在一些人眼中看来不体面，却意味着更多机会和意想不到的可能性。

– 李璞 –

误解：保险≠传销

提起保险代理人，很多人会有个误解：他们干的不就是传销吗？又拉人头又杀熟，上面的人不断提下面人的成……看起来跟传销没啥区别。事情真是这样吗？

答案当然是否定的。很多人把保险误认为传销，是因为只看到了表象，没看到实质。

首先，传销组织和保险销售团队虽然在组织结构上很像——都是一层一层从上往下的，但它们在销售上完全不同。

传销在组织内销售，比如，老张是传销组织的上线，他挣的钱都来自自己的下线小王、小李、小刘……如果小王、小李、小刘等人想挣钱，就需要也发展下线，让更多人进入传销组织，成为组织内部成员。

而保险的销售对象在组织外，也就是说，它的客户是广大消费者。比如保险代理人小明，他可以把保险卖给邻居王阿姨、餐馆的丁姐、社区医院的张大夫，而这些人既不是保险公司内部的人，也不需要进入保险公司。

其次，传销和保险虽然都在不停地"拉人入伙"，但传销拉人是为了发展下线收人头费；保险招人则是正常的社会招聘行为，没有入门费一说。

再有，传销的提成，提的是下线人头费的成，比如老张提的就是他的下线小王、小李、小刘的成；而保险赚的是保单本身的销售佣金提成。提商品本身的成，这与其他行业的销售都是一样的，卖房子卖车都是如此，保险只是团队内部的层级比较多而已。

还有，传销和保险虽然都会向亲朋好友推销，但传销是想方设法把亲友拉进火坑；而保险是纯粹的销售行为，给亲友的也是一份有价值、能提供保障的商品。

最后，我再给你一个简单的判断传销和保险销售的方式：去看同一个产品，不同人卖的价格是不是一样。如果你买的是保险产品，无论找总监、经理还是找一个刚入行 3 天的新人，他们卖给你的价格都是一样的；而如果你买的是一个传销商品，从不同人手里拿到的价格就不一样了，因为传销组织里不同层级的人，从"上线"那里进货的"成本"不同，卖出的价格自然不一样。

说到底，**传销是一种从下线往上线转移财富的骗局，而保险有实实在在的意义，可以分散和抵御风险。**

当然，可能仍然有人对此心存疑虑，那我们来看看法律层面的规定。传销是国家明令禁止的违法行为，而保险则是金融的三驾马车之一，有着300多年的发展历史。在我们国家，保险行业还受《保险法》、银保监会的严格监管。

－程智雄　李璞－

值得一提的是，业内确实有少数人不守规矩，通过招聘把新人发展成自己的"下线"，用传销化的方式升职加薪，但是这样的人没有一个能发展得长远。

很多人对保险印象不好，很大程度上是因为个别素质低的人破坏了生态。如果你想加入保险代理人这一行，要警惕这种人。

定位：保险代理人的核心在"代理"二字

大多数人通过面试成功找到工作后，都会和自己要入职的公司签订劳动合同，建立劳动关系。劳动关系的建立意味着你为公司付出劳动，公司每个月付给你工资，为你缴纳"五险一金"等。

但是成为保险代理人，保险公司既不会发工资给你，也不会给你上社保，甚至不会和你签劳动合同。

这是为什么呢？是因为保险公司不规范，想方设法少交钱多克扣吗？当然不是。背后的真实原因是，在保险行业里，普遍实行的是代理制，保险公司和保险代理人之间建立的是代理关系，签订的也是代理合同。

什么是代理关系？简单来说，就是保险公司委托你来卖保险，你每卖出一单，就能从中获取一定比例的佣金。保险代理人的全部收入来自佣金。

保险行业实行这种代理制，并非是保险公司为了节省开支、规避风险而故意为之。这种制度最早在美国发明出来，之后经过台湾、香港地区传到内地。我国《保险法》第112 条也明确规定："保险公司应当建立保险代理人登记管理制度……"

你也许会产生疑问：做保险代理人，收入全靠自己卖保险产品的佣金，"五险一金"也没有，这也太没保障了吧？确实，这种业态对于没有业绩的保险代理人是非常残酷的，优胜劣汰的特征非常明显。但凡事有利就有弊，也因为这一行赚取的不是工资，而是佣金，上不封顶，最终留在这一行的精英们，收入极高，年薪百万都不少见。

– 程智雄　李璞 –

目前有一些保险公司为了帮助新人在初始阶段"存活"下来，会设置 12~18 个月不等的责任底薪。此外，保险公司非常重视对保险代理人的激励，包括旅游方案、学习方案等。

待遇：佣金的高与低

你可能听说过，保险这一行佣金提成特别高，一张保单的费用里恨不得一半的钱都被代理人提走了，保险行业也太黑心了。事实果真如此吗？

很多人看到的佣金高，其实只是对新成交保单第一年而言的。如果你卖出了一份新保单，行业对应的佣金比例在30%~40% 之间。比如，客户通过你买了一份重疾险，交了 1 万元的保费，你的佣金就有大概三四千元。

但是，保险可不像销售房子、车子那样，是一锤子买卖。接下来，客户每年还会继续缴纳保费，而业务人员要持续服务客户很多年。

从第二年起，业务人员在这一单上能够拿到的佣金比例就会急剧减少，从 30% 下降到 8%、5%，直至为 0。我们做过测算，假设一个人买了一份要缴费 20 年的重疾险，每年缴 1 万元，也就是总计 20 万元。保险代理人在这 20 年里平均能拿到的佣金比率只有 5%，也就是 1 万元。

　　而 5% 的平均佣金率和房产销售、证券经理等拿的差不多。这就奇怪了，保险公司为什么要把第一年的佣金设置得这么高？

　　我们先来看看以 5% 的平均佣金率给保险代理人提成会是什么样的结果。以现在的北京市场为例，一份重疾险的年保费金额在 1 万～1.5 万元之间，而一个保险代理人一个月能签到 3 单，就算做得不错；如果能签下 10 单，就非常厉害了。

　　就算一个保险代理人一个月真能签下 10 单 1 万元的重疾险，佣金比例按 5% 算的话，那他一个月才能挣 5000 元。在北京这样的地方，5000 元可能连生存都是问题。业绩极好的保险代理人，都没法保证生存，那大家还有动力工作吗？是不是干几个月就想转行了呢？

　　为了保障业务人员的生存、生活需要，并给他们足够的激励，保险公司才设置了这么一套把几十年佣金的绝大部分压到第一年的模式。这样，一个干得不错的业务员一个月签下 3 单 1 万元的重疾险，收入可以达到 1 万元左右。与其他行业相比，这是一个较为合理的收入水平。

　　当然，代理人不能光看到新保单第一年的佣金高，就不愿在后面的年份里服务客户。因为服务好老客户不仅是保险业能长远发展下去的前提，更是保险代理人转介绍客户的来源。（关于转介绍，详见新手上路"转介绍"部分的内容。）

– 李璞 –

红利："一年顶十年"

08

在大多数人的印象中，保险代理人是一个既不体面，也没什么前途的职业。但很多人不知道的是，在这个行业里，只要你干得足够好，回报也是惊人的。这有点像坐上火箭一样，干一年顶别人干十年。

就拿我自己来说，我是 2004 年进入这行的，入行之后几乎一年上一个台阶，31 岁时就做到了北京分公司的副总裁，管理整个北京市的业务。那时候，我才在这行干了 7 年。刚接手北京团队，有 5000 人，2 年后我离职去创业，团队已经达到 1.5 万人。很少有行业能让一个干了不到 10 年的人管理如此庞大的队伍。

这不是个例。我还带过一个 90 后的新人小 A。小 A 毕业时本来拿到了银行的 offer，结果上了两天班，领导塞了个关系户，把他开除了。无可奈何之下，他才来了我们公司。结果，做了一年，就挣到了 700 万。对于职场新人来说，恐怕没有几个职业能带来如此高的收入吧！

3 年后，他回到那家开除他的银行，一进去，就要存 300

万。那些认识他的"前同事"都惊住了。

对于保险代理人这份职业来说，不能只看到不体面，如果你干得足够好，不管是升职的速度，还是收入的增幅，都会远远超出你的想象。

－李璞－

通道：多样的职业发展路线

在保险业内，代理人有一些通行的发展路线：要么单纯做业务，不断提升业绩，从基础业务员一直做到顶尖；要么成为管理者，带着团队做业务（当然，升为管理者的前提是业绩好）；要么单纯做内勤工作，比如做内部培训。

但我在这里想要告诉你的，可不是这些通行的做法。

随着中国保险业的深入发展，从业人员的发展正变得更为专业。

首先是做精。保险代理人可以根据自身特长，销售某一大类别的保险产品。比如，有些人是从医疗行业转行过来的，或者自己对医疗领域有比较深入的研究，就专门做医疗险、健康险、重疾险的销售；有的人非常懂教育，擅长和家长群体打交道，就专门从事教育类保险产品的销售与服务。

更进一步，业务员还可以按照客户群体细分做业务。诸如，按照职域划分，专门做律所、会计师事务所等团体的业务，钻研这一类客户群体的保险需求，针对性地服务这类客户。

其次，代理人可以按照地域做业务，专门做某一特定区域的业务。

我曾经去日本第一生命公司考察学习过，他们的代理人就是按照街道划分业务的，一个代理人就负责一到两个街道的住户的所有保险事务。而他们平时的工作状态就是去街坊家里拜访、喝茶，如果需要办理赔或者买新的保险，街坊们会主动找代理人办理。

再次，跳出保险这一领域，转做综合金融业务。 就是说，除了销售保险产品，代理人还可以帮客户办理信托、证券、银行业务等。当然，这也需要代理人更为出色的专业能力。目前，中国平安和中国人寿这两家保险公司都具有开展综合金融业务的资质，保险代理人有机会为客户提供综合的金融服务。

最后，跳出保险公司的模式，代理人自己成立办公室、代理公司。 比如，美国很流行的一种模式就是业务人员自己成立代理公司，只代理一家保险公司的产品。一方面，客户买到的都是一家公司的产品，如果有理赔或者其他需要，代理人只需跟这一家公司沟通，保证客户享受到的服务是一致的；另一方面，因为只代理一家公司，这家公司有什么资源都会开放给代理人，代理人也能给客户提供更好的服务。甚至，代理人还可以成立专门服务一两个大家族或者高净值人群的代理公司。

上面的这些趋势，有的已经在国内萌芽，有的则是在国外发展得比较成熟，未来也会在我国保险业出现。总之，保险代理人的业务越来越走向专业化的道路。

－程智雄　李璞－

荣誉：职业奖项并非只看业绩

很多人都认为保险代理人鱼龙混杂，或看似一盘散沙，但其实，在这个行业里，大家有着共同的追求。

而这追求就是保险代理人两个极为重要的奖项——IDA（International Dragon Award，国际龙奖）和 MDRT（The Millon Dollar Round Table，百万圆桌会议）。这两个奖项，可谓是行业内公认的评价标准，也是所有保险人都希望拿到的荣誉。

第一个奖项——IDA 是针对华人保险圈的，中国大陆、中国香港、中国澳门、中国台湾、马来西亚、新加坡等大中华区和其他华人聚集地区的代理人都可以报名参加评选。

这个奖项分为两大类：一类是杰出业务奖，评选标准是业务人员首年佣金（指保险公司根据保险合同第一年收取的保险费的一定比例支付给保险代理人的酬金）金额。

另一类是优秀主管奖，就是团队成员里有足够数量的人员拿到杰出业务奖。

　　按照业务水平和管理水平，这两大类奖项由低到高都分为铜龙奖、银龙奖、金龙奖及白金龙奖。

　　在 IDA 的评奖标准里，有一条值得特别关注——一年内要完成 36 件以上新的个人寿险保单，而不仅仅是佣金高。

　　这是为什么呢？

　　IDA 的价值观是向更多家庭传播正确的保险观念。因此，它考量的并非是一个人做"大单"的能力，而更看重保险人员帮助更多的普通人通过保险工具转移风险。很多保险代理人的首佣金完全能够达到 IDA 的标准，但逐利性强，只服务高端群体，不服务一般客户，一年内达成的业务件数往往就不够。

　　由此我们可以看出，一个优秀的业务人员不仅要业绩好，还要能服务更多的人，发挥保险更大的价值。

　　另一个奖项是全球性质的——MDRT。说 MDRT 是奖项，不如说是会员资格更合适。它分为普通会员（membership）、超级会员（COT，court of the table）和顶级会员（TOT，top of the table）三种。全球寿险的代理人都可以报名，不同地区的评选标准不太一样。

MDRT 普通会员是最基础的，往上是超级会员，它要求完成普通会员 3 倍的任务，大概 1000 个普通会员里有一个超级会员；再往上是顶级会员，达成标准是超级会员的 2 倍，全球都没几个人能达到，可以说是凤毛麟角。

MDRT 倡导的价值观和 IDA 不太一样，叫"全人理念"。什么意思呢？就是一个人生活不只有工作，还要兼顾、平衡好很多方面。全人理念给出了 7 项会员需要平衡的面向，有事业、家庭、财务、精神、教育、健康和服务。因此，MDRT 每年年会邀请上台分享的嘉宾，都是能把上面几项做得不错的人。比如，美国保险之父梅第，就是 MDRT 推崇的典范，他不仅事业成功、家庭幸福，还设立了多项慈善基金，并且 90 多岁还坚持工作在一线（梅第的故事详见本书215～218 页。）

此外，MDRT 每年还要对会员进行资格认证。认证标准有两条。一条自然就是业绩，指标包括佣金、收入、保费三项。另一条则是必须达到 MDRT 道德规范中规定的标准，比如，将所有必要的事实全面、充分地告知客户，帮助客户做出明智的决定，再如，确定更换的保险或金融产品对客户有利。

因为这样的价值观和评选标准，MDRT 被看作是保险业的奥斯卡。如果说 IDA 的荣誉价值来自正确的职业观、保险观，那 MDRT 鼓励的，是一个全方位、高质量的人生观。（两个奖项的评选标准，详见行业清单"行业奖项"部分的内容。）

－程智雄－

第二部分

新手上路

在保险代理人领域，新手期是最重要，也是最残酷的阶段。

为了提高你的"存活率"，我们会在新手阶段，花最大的篇幅来探讨如何度过"阵亡"密集期。从招聘、入行、选平台，到正确开展业务，到转介绍，我们都会提供尽可能多的建议和避坑指南。

◎ 入行

禀赋：性格的馈赠

01

在入行之前，大部分人第一个要问的问题都是，什么样的人最适合干这一行，什么样的人能在这一行走远，以及自己是不是这样的人。

有人说保险代理人得是能说会道、善于销售的人；有人说是人脉广泛，善于结交的人；更有人说，是能厚下脸皮的人。但在我看来，从心底里能以帮助他人为乐的人，才最适合当保险代理人。

你也许觉得这和你印象中的保险代理人差别太大了，但其实保险产品的本质在于为客户转嫁风险、雪中送炭。对销售这个产品的人来说，自己的个性和保险的这一特性相匹配，才能真正享受到这个行业的馈赠。

为什么会这样？我们来看看什么叫助人。助人是指，当他人遇到困难的时候，以出钱、出力或出主意的方式相助。而保险是什么？保险是当他人遭遇意外、疾病、年老无依等困境时，用金钱的方式予以相助。二者从底层的逻辑上是相通的。当你的品性与保险的本质朝着同一个方向发力时，你的业务自然会以加速度的方式发展起来。

我自己体会到这一点，是在我当保险代理人第一年的时候。

有一天下班后，我路过家门口的饭馆，突然想到报道了3天的三聚氰胺奶粉事件，就进去问老板——他也是我的客户，给孩子喝什么奶粉。

他说："三鹿，国产的，挺好。"

我一听，惨了，他和老婆每天黑白颠倒忙饭店的事情，完全不知道三鹿出了什么事。我立刻出去买了份报纸给他，他看完后整个人都懵了。

我也很着急，回到住处后，就上网查信息，发现附近的儿童医院可以给喝了问题奶粉的孩子做检测。第二天一大早，就和他们夫妇俩带着孩子赶了过去。

由于三聚氰胺事件的影响非常广泛，儿童医院里挤满了带孩子检查的父母，等候检测的队伍从五楼顺着楼梯一直排到一楼大厅。为了节省时间，我让他们夫妻俩去缴费，自己抱着孩子排队，汗水不停从我头上往下淌。后来我还带着孩子检查，楼上楼下忙了一整天。

幸好，最后检测结果显示孩子没什么问题，大家也就一起回来了。

过了两天，客户打电话让我去他店里吃饭。我没太当回事，就说今天太忙了，没时间去。他很坚持。到饭店后，我看到他还叫了两个好朋友一起。吃着吃着，客户突然拿出自己的保险合同，对那两个朋友说："这是我的保单，你们俩照着我的，一人在大雄那里买一份。"

我一看急了，哪有逼着朋友买保险的，赶紧说"不要这样"。客户特别耿直，"这儿没你的事"，然后指着桌上的保单对自己的朋友说："你们两个，赶紧的。"

其实，我带客户孩子去医院检查，只是因为他刚好在我附近，我知道他家有小孩，要是喝三鹿奶粉喝坏了可就遭殃了。后面做的一切，也只是我本能的反应。能够帮助他们及时排查问题，我由衷地为他们高兴，并无任何功利之心。但正因为这样，受到了客户极大的认可。

现在想来，我从业十多年，之所以越干越顺，到今天这样的程度，与我下意识地爱帮人有很大关系。

发自内心地帮人，并以此为乐，自然会受到馈赠，在保险这一行里尤其如此。

— 程智雄 —

平台：选公司，一看培训，
二看发展

大多数人进保险公司的时候，都会先考虑一个问题：选什么样的公司？去国企还是外企，去家大公司还是小公司？

但其实，在这个问题上无需太多纠结。从稳定性、核心产品以及利润等情况看，保险公司的差别不会太大。

为什么这么说呢？

首先，我们国家对所有保险公司的设立都有着严格的要求，其中最重要的一个条件就是注册资本不能少于2亿元人民币。这也意味着，国内任何一家保险公司的规模都不会太小。同时，考虑到保险机构的安全性以及需要合理分摊理赔风险，所有保险公司也都必须去再保险公司给自己"上保险"。也就是说，对于保险代理人来说，任何一家保险公司的安全性都不用担心。既不会你干着干着保险公司就倒了，也不会因为理赔不起而保险公司关了。

其次，我国对保险业的经营监管非常严格。不管是内资的、外资的还是合资的保险公司，设计产品时都必须遵循统一的疾病发生率标准。例如，按照银保监会发布的《中国人身保险业重大疾病经验发生率表（2006—2010）》，一个35岁的男性，6病种的经验发生率是2.00‰。在这样严格的标准之下，虽然各家保险公司的规模大小有差异，但是在同类保险产品的保费价格、赔付标准、赔付金额、佣金方面都不可能有很大的差别。

所以，对于保险代理人来说，无论去哪家保险公司，销售的保险产品都大同小异。同类的保险产品，不会存在在这家保险公司的质优价廉好卖，在那家保险公司的产品质次价高不好卖的情形。

再次，保险公司收益的另一个重要来源是投资。但国内保险公司在投资收益方面的差别并不大。

由于银保监会关于保险公司投资方面的严格限定，各大保险公司通常把70%~80%的资产配置在固定收益类的定存、债券等债权类资产，而股票基金类的资产比例一般不会超过15%。就国内各家保险公司的投资水平来看，也基本差不多。资管水平高一些的保险公司的年化收益率大概是7%左右，而即使资管水平差一些的保险公司，年化收益也能在5%~6%。

但这些并不意味着，你闭上眼睛随便进一家保险公司就可以。

对于新人，完全没有相关从业经验的小白来说，能够在这行活下来、立足是最重要的。因此，我建议你选择业务培训更好的公司或者团队。

对于有一定工作经验、想要重新选择的保险代理人来说，我建议你把自己作为一个创业者，去选择适合自己"创业"的平台。这是什么意思？如果你想做团队、做管理，那就可以找团队发展做得特别好的公司；如果你想专攻高净值的客户，就要选择投资类产品更丰富的公司。

－李璞－

门槛：保险代理人的招聘很不一样

在大家的印象中，保险公司的招聘是完全没有门槛的。但其实，谁都能卖保险，只是个错觉。事实上，保险公司是在以不同的方式招聘而已。

在大多数行业中，一家公司要招 1 个人，可能会先从上百份简历中选 10 个人来笔试、面试，然后从中择优录取。经过层层筛选的人，最终才能成为正式员工。在这样的招聘环节中，作为需求方的公司往往属于强势一方，在筛选人方面有很大的优势。

但保险代理人的求职市场供需非常不对等——市场对保险代理人的需求很大，但供应不足，且不认同这行的人居多。所以，保险公司的招聘没办法采用那些处于强势地位的行业和公司的策略。

保险公司先不设笔试、面试这些流程，而是会广撒网组织人过来听宣讲，以便让更多的人了解这个职业，了解这家保险公司，了解这行的发展趋势。唯有以这样的方式招人，保险公司才能最大限度地找到更多愿意进入这行的人来。所

以从表面看，谁都能来卖保险，但其实，这个环节离正式成
为员工距离还远。

宣讲之后，保险公司会对认同保险代理人职业、愿意投
身这行的人进行正常的笔试面试流程，完成人员筛选。但笔
试面试合格的人还不能入职，还需要先接受通常为期 3 个月
较为系统的业务培训。只有最终培训合格后留下的人，才能
够正式入职。

所以你看，**保险行业，不是没有门槛，而是将这个门槛
后置了**。

– 李璞 –

周期：前低后高

一般的工作，求职者拿到 offer 入职后，只要没什么大问题，基本上就在这个岗位上坐稳了。

但是对保险代理人来说，真正的淘汰才正式开始。

由于保险代理人的工作没有底薪，一旦几个月没有单子，代理人要么因为没有收入，主动退出；要么因为通不过公司考核，被动淘汰。

通常来说，第一次阵亡的时间发生在正式入职后的第 6 个月。根据统计，有大概 35% 的新人会在这一时间点阵亡。

大部分人原本总会有些资源，认识些朋友，最初的几张保单总能够成交。而 6 个月之后，原有资源耗尽，新的客户群体开拓不出来，自然就会"死掉"。

第二次阵亡的时间点则发生在入职后的第 13 个月。这个阶段大概有 30% 的新人会阵亡。

这时候新人阵亡的原因，还是资源耗尽。他们之所以能撑到这时，只不过是因为原来的资源比较多，带来的业绩能够支撑比较长的时间。

我看过保险业的一份白皮书，里面提到保险代理人的留存率数据是，"代理人 1 年留存率不足 50%，个别险企首年流失率甚至高达 80%"。

不过，你也别太泄气，如果能够积累足够的客户数量，在经历了前期残酷筛选与考验，2 年以后，从业人员的留存率会大幅上升，达到 90%。而再往后，这个岗位的留存率更是高居不下，几乎没有太多人转行离开。

可以说，这是一个前期淘汰率极高、生存难度极大的工作；但它回报给活下来的人，是非常广阔的发展空间。

－程智雄－

制度：公平的职业环境

05

提起保险行业，很多人还有一个误解，就是这一行的管理制度不完善。业务人员来了又去，流动性强；工作目标又似乎只有成交这一件事，整个职业的晋升空间非常有限，或者单一。

但我想说的是，恰恰和这种印象相反，保险公司的制度非常完善、成熟。

我自己当年转行进入保险业，最看重的就是保险公司有一个叫做"基本法"的东西——公司制度。

如果你读懂了基本法，会发现它就是一份职业发展规划：你的职业发展路径是什么样的？你做哪一块会发展得更好？你现在处于什么阶段？你未来应该干什么？业绩达到多少可以升职？这些都有非常明确的指向标。而且不仅平安一家公司这样，整个行业都是如此，人的影响因素可以说是微乎其微。

我在面试平安时，最打动我的是领导说的一句话："我们的晋升都是由计算机算出来的。"

我第一次晋升，就是眼看着电脑屏幕上我的三项 KPI 完成数值超过了晋升线。

这和我之前的一份工作形成了强烈的对比。之前我在一家创业公司工作，老板承诺按照业绩发放奖金，大家就拼命干。按照我的业绩，当年应该发放的奖金是 10.5 万元。但是到了年底，老板心疼钱，只给了我 1.5 万元，出尔反尔，非常随意。

除了晋升公平透明，保险公司还有一点和一般企业不太一样，那就是保险公司的管理岗位不是有限的，而是允许出现无数个主管、无数个部门经理、无数个总监，而且他们之间毫无竞争关系，因为每个人的考核都依据指标。指标达到了，你就可以上；指标没达到，你就要下来。

在保险业里，是制度在保障，而不是人的决策决定你的发展。

我希望自己的职业前景是掌握在自己手里的，我行就是行，不行，只是因为我不行。

如果你也和我一样，希望投身于一个公平、公正、公开的行业，那保险业就非常适合你。

− 程智雄 −

选择：避开不靠谱的团队

保险行业虽然不是传销，但是必须承认，行业里还是有一些人，在用"传销化"的方式发展团队。

如果你想加入这一行，在面试以及前期培训过程中，一定要判断好，你即将进入的团队是否靠谱。

那要怎么判断呢？

看这个团队宣传的发展模式，是不是单纯多招人。

如果一个团队在培训时，就是告诉你不停招人、多招人，就能在这一行干得好，连一句把个人业务做好的话都不提，那你必须警惕起来，这个团队极有可能是靠"拉人头"的方式发展，我建议你立刻离开。

这是新人入行前可能会遇到的一个坑，一定要有防范意识，避免不小心掉进去。

— 程智雄 —

早会：日常管理和培训机制

提起保险公司的早会，你可能会觉得这是一个奇怪的存在。什么公司有那么多事需要安排，每天都开早会呢？这和门口理发店、房产中介公司，早上让所有员工站在店外，一起喊口号有什么不同呢？是不是也在对员工洗脑，给员工打鸡血呢？

实际上，早会作为几乎每家保险公司都在使用的管理制度，有着非常重要的功用。

第一，辅助你养成良好的工作习惯。在保险公司里，业务人员多数时候需要出去拜访客户，并不在公司里，因此没有办法早九晚五地打卡。但这样一来，有些自驱力弱，或者时间管理能力不强的人，很可能一觉睡到 11 点，一上午的时间就白白浪费了。而固定的早会制度，比如每天 8 点半开会，会督促你早起，并迅速投入到一天的工作之中。

第二，培训功能。保险公司评价业务人员工作水平的标准主要是业绩。但有的代理人，一个月能签十几单；有的代理人，到月底了连一张保单都没卖出去。如果你不幸是后者，比起等着到月底去跟领导哭，其实可以在早会时，跟前辈、做得好的人请教方法。同时，团队也会安排绩优人员分享成功的经验。你就能做到，有问题，早解决；有心法，一起进步。

－ 吴洪 －

接下来，我们会用本书最大的篇幅——从基本功、开拓客户、和客户沟通、转介绍等各个角度——告诉你怎么活过新手期。

当然，如果你不入这一行，这一部分，也很有价值。一方面，你看完了，就了解了这一行从业人员的酸甜苦辣；另一方面，这些心法和经验，是各个领域通用的，即便你不干保险，也可以用在销售、服务、沟通、交往等各个场景。

◎ 基本功

资源：拜访客户前， 先梳理人脉名单

08

正式入职保险公司后，面对严苛的业绩考核，新人一般都会急着去拜访客户，想尽早签下保单来。

但这样急切的方式，不仅效率比较低，也没有针对性。在我看来，新人最先要做的，是去梳理自己的客户名单。道理很简单，你总不能把所有认识的人都谈一圈。不妨先对自己的人脉资源做个梳理，找出最有可能成交的客户，再去拜访，这样才能事半功倍。

具体怎么做呢？其实，各家保险公司都会有相应的工具、手册。我根据十几年的一线经验，整理出几个需要重点关注的板块和评分系统，帮你综合判断出哪些客户可以直接进行

销售，哪些客户还要再等一等。

表 2-1

项目	情况	评分
年龄		
家庭状况（婚否、子女）		
年收入		
职业背景		
熟悉程度（认识年限＋交往程度＋接近难度）		
转介绍能力		
总分		

第一个板块是年龄。如果采用 5 分制，25 岁以下的客户只能给 1 分，因为比较年轻，经济实力通常不允许他们在保险方面有规划和支出；25～35 岁，通常给 3 分；35～50 岁给 5 分；50 岁以上的，又掉回 3 分，因为年龄限制，有些险种他们无法购买。

第二个板块是家庭状况。单身的人身上责任较小，分值肯定是最低的；已婚无子女者为 3 分；已婚有子女可以给到 5 分。

第三个板块是年收入。我们做过相关测算，一张保单的保费金额在客户月收入的一半左右，会比较容易达成。因此，客户的经济状况要达到一定程度，保费的支出才不会对他的购买决策产生特别大的影响。

一般来说，年收入 10 万～20 万元的，可以给 1 分；20 万～30 万元的，给 3 分；而 30 万元以上的是准目标客户，能给到 5 分。但这个评分标准还要根据城市的发展情况做个性化调整。

当然，我们都能想到的一点是，收入情况无法直接向客户打听，但可以通过一些信息做推测。比如，你知道客户在哪个单位工作、从事什么职业，客户的孩子在哪儿上学、用什么品牌的东西，等等，就能大致推算出客户的收入情况。随着经验积累，这种推断会越来越准确。

第四个板块是客户的职业背景。之所以要列这一项，是因为职业会对成交产生影响。举个简单的例子，公务人员购买商业保险的意识相对弱一些，他们往往抱有公费医疗什么都能解决的想法，虽然实际并非如此。这类人就可以打分稍低些。而企业高管、本身从事销售工作的人，包括家庭里的女主人，都是比较合适的销售对象，可以打分高一些。

第五个板块是代理人和客户的熟悉程度。我们可以分成几个维度，综合考量，再给出评分。

一个维度是和客户认识的年限。认识 1 年以内的，客户对我们的信任感比较弱，评分就相对低一些；而认识 3 年以上的，信任感通常建立得比较成熟了，可以给分高一些。

另一个维度是交往程度，或者说交往粘性。只是微信好友，从没见过面的，分值最低；普通朋友高一些；熟人的打分通常最高。但这一点因人而异，我就会给普通朋友的分数比较高，特别熟的反而低一些。朋友之间太熟、关系太好的话，要拒绝你是很容易的；而普通朋友刚好处在一个微妙地带，不太好意思拒绝你。

还有一个维度是接近难度。企业家看似是很理想的销售对象，但接近的难度高，评分反而会低一些。

对于这个评分标准，要辩证地看待。一方面，它是从概率推算出来的，并非完全符合每一个客户的实际情况。另一方面，代理人要根据自己的情况调整评分。比如，45～50岁的人群通常是高净值客户来源，他们适合年金、财富传承类产品。但这类人群的需求往往比较复杂，新人难以把握，即自己的能力暂时无法匹配，给出的分数就要调低一些。

和客户的熟悉程度，建议你先按上面几个维度单独打分，再算一个平均分。

第六个板块是转介绍的能力，就是这个客户推荐人（新客户）的能力。影响评分的条件通常有，这个人性格是不是热情，是不是喜欢帮助人、乐于表达，是不是认同保险产品、保险观念，以及是否有比较广阔的人脉资源。

这里没有统一的标准，你可以根据对客户的了解，自己作出判断和打分。

最后，当你根据上面的表格把客户情况进行梳理后，你就对自己现有的人脉资源有了一个比较全面的评价。通常来说，总分在 20 分以上的，就属于可以开始接洽、直接销售的对象；而 20 分以下的客户可以先等一等，慢慢追踪。

业务人员一定要长期追踪客户情况，随时更新信息。比如，有的客户今年生了孩子，家庭状况就发生了变化，可能会需要给婴幼儿购买保险。

你以后不断认识新客户，也要用这套方法对他的情况进行评分梳理，"梳理名单"将会是贯穿你整个职业生涯的标准动作。

最后我要强调的是，虽然我们这里介绍了通行的标准，但你要根据客户的具体情况来打分，要有"运用之妙，存乎一心"的判断。也就是说，你要**具体情况具体分析，不能刻舟求剑**。

– 程智雄 –

产品：熟练从模仿开始

卖房的必须懂房，卖车的就得懂车，卖保险也是一样，吃透产品本身是销售的前提。很多新人以为，自己只能就着产品学产品，背背说明或PPT就可以了，其实不然。我告诉你一个简单但是直接有效的方法——模仿。

我曾经上过一个养老金产品的培训课，主讲老师个人业绩非常厉害，课也讲得特别好。她讲完后，带我们训练的主管说："明天你们拿我当客户演练一下，看谁演练得最好，有奖励哦。"

一听说有奖励，大家就都认真学习起来。当天晚上我对着视频看老师是怎么说的，然后一个字一个字、一遍一遍地练习。练习过程中，我一边背文稿，一边背语气——哪里是重点该拉长音，哪里该转折，哪里该停顿，把这些地方一个不落地背下来。

在模仿过程中，我不仅学到了老师的话术和语气，还慢慢理解了她为什么要那样说，对产品的理解比我单独看产品说明和条款深入了很多。到了第二天早上，我几乎是原封不动地讲出了老师教授的内容，说出了那位老师百分之八九十的功力，演练效果在所有人里是最好的。

看起来，这只是一次日常培训，但通过那一晚的练习，我彻底把养老金产品搞懂了，从那以后，我每次拜见客户，都能介绍得特别清楚，这让我当时的件均（平均每单保费）直接从 6000 元提到了 16000 元。

那时候，我还是个新人，很庆幸用了这样的方法，尝到了甜头。后来我将这一方法用在了其他各个核心产品的学习上，效果都很显著。

通过这样的方式，我学到的不仅是产品本身，更将高手的体会和经验吸收了下来，仿佛走上了一条快速通道。

如果你也想在开始学习时就能吃透产品，推荐你试试这种方式。

－程智雄－

习惯：每天坚持三件事

新人面对业绩的压力，往往认为当务之急是签下保单，而忽视了工作习惯的培养。但我要提醒的是，如果想干长久，从一开始就建立起良好的工作习惯，比什么都重要。

如果要问什么是**保险代理人最重要的习惯，我认为，就是每天坚持做三件事——拜访客户、服务客户和要转介绍名单。**

拜访客户就是约客户出来面谈。但是，这个面谈可不是直接就要客户签单，跟客户聊一聊，他都上了（或没上）哪些保险、有什么担心的地方，或者你自己的优势、你所在公司的优势都可以。拜访客户，将会贯穿在保险代理人的整个职业生涯中。

服务客户既可以是关于保险业务本身的，比如，客户出险了，你帮他办理赔，或每年帮客户整理保单，做续期的提醒；也可以是非业务本身的，比如，客户需要挂某个医院的号，你这里有资源，客户生日、重要的节日，你给客户送一些小礼物，等等。

而要转介绍很好理解，就是请客户帮你介绍其他客户。这里要注意的是，即使有的客户还没在你这里签单，但因为你俩已经认识，你也可以让对方帮你介绍客户。

这三件事看似简单，但难的是每天坚持做。很多新人，记起来了就服务一下客户，隔上一段时间才和人要个转介绍，以这样的频率，资源很快就会枯竭。

从入职起，每天要像打卡一样，将这三件事作为必做的清单，坚持不懈。这样，一个新人的日常工作，就会形成正向循环：每天拜访客户，销售技巧得到锻炼，有更高的几率签下单来；良好的服务，能加强客户的信任，客户自然愿意介绍其他人给你；有了新客户，你就能继续拜访、服务……如此循环往复，资源在流动中被越盘越活，业绩自然不成问题。

新人如此，很多业内干得非常出色的代理人，也是因为在这三件事上坚持得特别彻底，十几年如一日。业内有一位大咖，业务量多到 1 个人需要 12 个助理。他总结自己能取得现在成就的原因，就是坚持一件事——399，每天拜访 3 个客户，打 9 通电话，想办法要 9 个转介绍。

当然不是说新人要像牛人一样，每天这么大的量，但至少每天拜访 1 个客户，服务 1 个客户，要 1 个转介绍，还是可以做到的。

－ 程智雄 －

姿态：用心是入门的第一课

一提到用心，你可能觉得，什么工作不需要用心呀，还有必要单独拿出来讲吗？但我要强调的，是保险行业的特殊性，它是服务业。**在服务业，"用心"地服务客户是基本工作姿态。**

大多数人可能觉得，用心也就是考虑得周到点，逢年过节给客户寄个礼物，中秋送月饼，新年送台历之类的。

但你想想，这是用心吗？不，这是例行公事！和群发祝福消息没什么不同。**真正的用心是要关注客户的真实需求和感受。**

为了让代理人体会到什么是用心，我在一年的母亲节做了一次示范。

当时，我提前把团队里业绩不错的保险代理人的档案调出来，按照档案里的家庭地址给他们的母亲各送去一束花，同时还附了一张我亲笔写的卡片，上面是他们上一年和上一季度在公司取得的成绩或收获的荣誉等，并感谢他们的母亲教育出了如此优秀的孩子。

要知道，很多保险代理人的父母会觉得卖保险的工作不稳定、名声也不好，是反对他们做这行的。但收到这份礼物，亲眼看到孩子取得的成绩，父母会十分高兴——孩子不仅有一份不错的工作，还干得相当出色。当时，很多收到花的母亲发了朋友圈，后来甚至主动帮孩子介绍客户。而保险代理人也因为父母的认可，有了更大的工作动力。

这就是一份用心的礼物能发挥的作用。

如果你要服务客户，要送客户礼物，也要发自内心地关注客户真实的需求和感受。这是保险代理人入行之初，要学的心法第一课。

－程智雄－

心态：正确对待被拒

对于保险代理新人来说，正确对待被拒绝，可以说是最需要学习的功课。因为**在保险行业里，被拒是常态**。如果没有做好心理准备的新人，连续被拒之后，很快就会陷入沮丧、郁闷、生气，甚至自我怀疑。那正确的应对方式是什么样的呢？

我在带新人时，常常举这样一个例子——女孩逛街。

女孩子逛街买衣服时，总是没目的地逛。进一家店，试了脱，脱了试，反复很多次。总算选中一件衣服后，还要和店员讨价还价。要是价格没谈拢，最后还是不会买。或者到网上搜同款，线上下单。

面对这样的顾客，服装店的店员不受伤吗？肯定受伤。她们成交的几率，看起来比保险代理人还低。但她们为什么能一直工作下去呢？因为她们知道，只要店铺开在这里，总会有人买。

其实，**销售的本质就是概率**。有一个"销售概率学"理论说的，**9个有效客户里，会有3个对产品感兴趣，1个购买**

的。对于保险新人来说，931 的规律同样适用。

在销售中，被客户拒绝是很正常的事情。一方面，客户并不是特意针对你、刁难你，你自己逛街买东西的时候都会无意识地拒绝销售人员；另一方面，做任何销售工作，从概率看，都是被拒大于认可。

因此，保险代理人，从最开始就要明白概率，在被拒的时候坦然面对。想想那些服装店的店员吧。

－ 程智雄 －

◎开拓客户

掌握了基本功，就要进入开拓客户的环节了。通常，保险行业会把客户分为两大类，一类是缘故客户，也就是熟人；一类是陌生客户。在向这两类人销售保险时，业内有句特别经典的话：要把缘故客户，当成陌生客户；而把陌生客户，当成缘故客户。

这是什么意思呢？下文中我们会陆续讲到。

剥离：对待熟人，要像陌生客户一样

刚加入保险代理人这行的新人通常会先从自己已经认识的人入手，推销保险。但是这种做法常常遭到很多人的反感。甚至普通人对保险、对保险代理人有误解，也是因为总被身边人推销保险，觉得不胜其烦。

那是不是说，正确的做法就是不"杀熟"呢？当然不是。谁说朋友之间不能做生意？只是，要讲究方法。

招人反感的"杀熟"方式通常是，"不买不是朋友""你还不信我吗？我能骗你吗？""要不是咱俩关系好，我才不卖给你这么好的东西呢"——把生意和感情混在一起，生意谈不成，朋友也丢了。

要想跟熟人做生意，得把生意和情谊分开。

把熟人当成陌生人，该怎么跟陌生人谈，就怎么跟熟人谈。这就是"把缘故客户（熟人），当成陌生客户"。

我自己刚入行的时候，并不理解这一点。当时，我约了最好的哥们出来，想卖保险给他。我俩好到什么程度呢？在我们都没什么钱的时候，一个人借另一个人 5000 元都不用还。可当他听说我做了保险之后，直接说了一句："程智雄，你是不是准备把我们的钱都圈走？"

我就说："今天你借我 6000 块，行不行？"

"行。"

"那你就当支持我，花 6000 块，还能买份保险，以后有什么事儿还能得到赔付，行不行？"

"不行。"

最后，我俩不欢而散。我是又生气又挫败，觉得好哥们都不支持我、不理解我。

后来我师傅对我说："这件事就是你做错了。由于我们自己的工作发生了变化，我们和周围人交往的时候就有了目的性，这对朋友、对我们自己都是一个挑战，需要慢慢适应。"师傅批评完我之后，也教了我如何和身边的人谈保险。

于是，我再约这个哥们时，会明确告诉他，这次是要谈正事的。谈的过程中，也压根不拿什么朋友情谊鼓动他购买，而是像对待陌生客户一样，按照专业、正规的流程来。至于谈正事之外，以前是怎么交往的，现在还是怎么交往，压根不提保险的事儿。

虽然他并没有马上买我的保险，但后来我签的第一个客户，就是这个哥们介绍的。那个客户还是他的顶头上司。

关于熟人，还有一个方法，就是把生意撇开，单纯谈情谊。

因为新人刚开始在销售技巧、专业知识上都不太成熟，谈的时候难以打动熟人。那就退一步，直接、真诚地告诉朋友：自己选择做这一行是出于哪些考虑，是想长久做下去而不是玩一票。但是，现在确实缺业绩，请朋友纯粹支持一下。

但千万不要吹嘘保险有多好，或者拿一些很恐怖的照片给他们看，甚至说"不买保险，下半辈子死得很惨"这种很讨人嫌的话。

单纯情谊求助，很多亲友是会帮忙的。但需要提醒的是，这更多是缓兵之计。**要想长久地在行业内良性发展，我建议每一个代理人多使用前一种做法——把熟人当陌生客户，用你的专业性去进行销售、进行服务。**

－程智雄－

博弈：单次无效，多次才有效

除了维护熟人客户，我们要花更多的时间精力在开拓陌生客户上。在开拓陌生客户的过程中，很多代理人会采用在线下的一些场所发放问卷等方式。但是在这样做的时候，代理人往往只重视人流量，而忽略了关键的一点——在这个场景下，你和陌生客户是否有机会进行多次交流。

我在入行后第一次碰到客户断档的瓶颈时，前辈说："你要是实在没有客户见，就去路上做问卷调查。"

当时，很多跟我同批加入公司的代理人，会选择去公园，因为那里人流量大。这反而是一个问题——人的流动性太强，就算这次对方愿意做问卷，下次你也找不到这个人了。

那什么地方的人是固定的呢？我想到自己住处附近，有很多小餐馆。这些店铺是固定的，而且长期开业，就算老板觉得我是上门推销的，很厌烦，他也不能为了躲避我把饭店换个地方开。因此，我只要过去，基本都能见到人。再加上，做小生意的个体商户没有社会保险，会更需要商业保险的保障。

于是，我选择去居民区附近的小餐馆、小饭店发问卷。在 3 天内完成了 90 多张问卷，其中有十多个客户给了我出方案的机会。最后，签成了 5 单。

需要提醒的是，**代理人在开拓陌生客户的时候，一定要选择能够多次博弈的场景，而不是只能单次博弈的场景。**就好比你想到商场里开拓客户，一定要选择店员，而不是来商场买东西的顾客。退一步说，哪怕选择顾客，你也要找会长期来这个地方买东西或者吃饭的常客、熟客，而不是那种偶遇的客人。

－程智雄－

连接：把陌生客户当成
缘故客户对待

有很多保险业务新人做陌生客户的单子，刚见面就恨不得马上让对方把保单签了，既不专业，又有失体面。做陌生客户，正确的方式是要把他当成缘故客户。

具体来说，**对于陌生客户，最重要的是先建立连接。你要先把陌生人变成跟你认识的、有连接的人，才能去做业务。**

销售者和被销售者天然有一道屏障。任何人只要一看到有人要向自己推销东西，无论需不需要，第一反应都是拿起盾牌挡住。因此，业务人员无论在什么微信群、QQ群里，或者和哪类人群接触，都不要一上来就进行销售，而是想办法先与对方建立起联系，甚至信任，之后再考虑保险的事情。

举个例子，很多女性业务员会加入一些"妈妈群"。一旦群里有妈妈问"该给孩子买什么保险"，就会有几个业务员同时跳出来推荐自家公司的产品。最终的结果是，每个人都说自家的产品是最好的，甚至诋毁同行，最后这个群里谁也卖不出一份保险。

那正确的做法是什么样的呢？我们的一位女业务员托人到日本买了大量的儿童防蚊贴，在妈妈群、小区群里问有没有人需要，就说自己去日本玩的时候买多了。之后，就会有人主动加她微信拿防蚊贴。这为两人正式认识创造了机会，对方还会对她有一个比较正面的印象。日后如果做业务，就奠定了一定的基础。

如果群里有人问"小孩总是睡不了整觉怎么办""孩子有过敏性鼻炎，大家有什么招"等问题，你经常能提供特别实用的建议，慢慢也会得到这些妈妈们的信任。等你日后推荐保险产品的时候，妈妈们也更愿意相信你的建议。

你可能有疑惑，难道直接进行销售的做法就完全不可行吗？并不是，只是很难。目前的市场竞争十分激烈，要想找到一个不认识任何保险业务人员又有刚需，还愿意信任陌生业务员的客户，实在太难了。

所以更有效率的方法，不是直接销售，而是先发展成熟人，建立起连接，再销售。

－程智雄－

积累：别在意保费，
而要关注客户数量

因为保险代理人本身是趋利性比较强的工种，很多新人会把注意力放在保费上。要么追求签"大单"，要么希望价格几千、上万元的保单能多签一些。总之，要把总保费提上去。

但我认为，**新人在入行的前两年，要把最大的注意力放在客户数量上。重要的不是金额，也不是单子，而是人。**

具体来说，就是想尽办法拓展客户。在保险公司内部，有很多趁手的险种，可以用在拓展客户上。我曾经带过一个新人，她觉得自己业绩不行，很着急。我告诉她，公司里有一些百万医疗这样的小险种，300元一张，能够理赔一年内住院的费用，性价比极高，很容易销售出去。通过这种性价比高的险种，你就可以积累起客户来。

我和她说："你只要一个月能卖出10张百万医疗险，两年下来，就是240张。虽然保费不高，但你积累了240个客户呀！这些人对保险产品有一定的了解，也和你比较熟，你把他们再拜访一遍，怎么会没有新的成交呢？同时，你要能卖出 240 份产品，至少要认识五六百号人，你再把这里面还没买过、但有可能需要保险的人拜访一遍，也会有成交的！此外，你还可以让这些人给你提供转介绍的名单。只要有足够的客户，签下保单只是迟早的事情。"

我们曾经做过测算，一个业务人员只要在入行前 2 年积累下 50 个真实有效的客户，日后工作上又没有犯大错，在这一行立足基本没有太大的问题。

当然，如果你特别优秀，不用 2 年就能积累下这么多客户，那你自然可以把更多精力用于如何提高成交效率、保费金额等方面上去。

－ 程智雄 －

误判：保单数量
可不等于客户数量

通过多年的观察，我们发现有一个很奇特的现象：大量表现非常不错，甚至达到了公司奖励标准的新人，反而在入职6个月后最先阵亡了。这是怎么回事？

了解情况后，我们发现这些人只关注签单数量，没关注客户数量。

我们曾经做过数据分析，这类新人前期签约的保单往往只围绕两个家庭产生。第一个月，新人让客户给自己买了保险；第二个月，客户给妻子（或丈夫）买了保险；第三个月，客户给自己孩子买了保险。第四、五、六个月，换第二个家庭，又重复一次。

你可能会问：这里头，妻子、丈夫、孩子，不是各算一个客户吗？一共有6个客户，不算少呀！

但是，**在保险行业里，客户数量的单位通常是家庭。一个家庭，只能算一个客户**。这6个月虽然签下了6份保单，但其实只能算两个客户。

因此，新人千万不能按照保单数量或者保单受益人的数量，来计算客户数。否则，会给自己造成严重的误导：看起来业绩很美好，不去积极开发新的客户，在半年来临之际，成了第一批倒下的业务员。

— 程智雄 —

避坑：新人不要给自己做单

在开拓客户阶段，新人有一个特别容易掉进去的坑：出现没客户、没业绩的时候，给自己买保险。

无论你是自己想这样干，还是受到周围同事、领导的鼓动，都千万不要这么做。除非，你自己确实有买保险的需要，经济上又承受得起。

为什么呢？自己给自己做单，既多了保障，又能完成公司的业绩考核，不是一举两得吗？

实际上，是赔了夫人又折兵。

一方面，靠自己给自己做单充业绩，新人既没有练习到销售的技巧，又没有积累下真实有效的客户。就算缓得了一时的燃眉之急，对个人发展也没有任何帮助。

另一方面，每张保单需要几千甚至上万元，新人自己都还没挣到多少钱，可能买着买着就交不起保费了。保险公司可不仅仅只考核新签单的保费数量，还要考核每年续保的情况，如果续保率不达标，也要面临被淘汰的风险。

至于为自己增加了保障这一点价值，就更谈不上了。要么，没钱续保，要么，不干了，压根不会续保，哪来的保障？

我在这一行里见过太多的新人这样做，最终都没有什么好结局。如果说，在这一行试了几个月被淘汰，已经算是付出了极大的沉没成本，那何必再自己给自己买保单，增加这个沉没成本呢？当然，如果个人确实有购入保险的需要，那么就另当别论了。

－程智雄－

◎拜访客户

开拓完客户之后，就要开始正式拜访客户了。拜访客户在保险代理人的工作中，是核心环节。这个工作看似简单，但其实里面的学问非常大。

约见：判断成交概率

19

很多保险代理人觉得现在大家都用微信，约客户发个微信就可以了。我要提醒你的是，一定要打电话，而不是随意发个微信。为什么要强调这一点呢？**因为电话约访，能够帮你判断出，一个客户成交的概率到底有多大。**

如果你在微信给客户发了一条消息，客户5个小时后回复一句"好的"，你完全判断不出，他是有事情在忙，还是勉强答应你见面。

但打电话就不一样了。当你在电话里告诉客户你是谁、你想找他做什么、见面时要谈什么，客户的反应是非常直接的。

如果他表现出明显的反感，或者直接拒绝，不用沮丧，你起码知道自己无需在这个客户身上花更多时间。

如果客户接受得比较勉强，虽然答应了和你见面，感觉也不会很快有结果，你就要放低自己的预期，不要抱着一定要签单的期望，只当是跟朋友吃吃饭聊聊天。否则，花了很多时间没有成交，自己的心态容易受到影响，反而得不偿失。

而客户如果表现出兴趣，你又能成功约访，你就知道这位客户成交的概率比较大。

保险代理人的工作带有销售的性质，要想提高自己的效率，你就要在前期做很多动作，把不适合成交或者成交几率极低的"分母"排除出去。

— 程智雄 —

细节：电话约访的要诀

用电话约客户见面，并不是只要简单地介绍清楚"你是谁、你想找他做什么、见面时要谈什么"就够了。当你判断出这个客户不是完全拒绝的态度后，还要注意很多细节。这样一方面可以提高约访成功的几率，另一方面，也能为你后面实际见面打一个比较好的基础。

下面是我常用的几个小方法，供你参考。

首先，给客户减压。 为了降低客户拒绝你的几率，打电话时你要明确告诉客户，面谈并不会占用他很多时间，也不会要求他立刻决定是否购买。否则，客户会觉和你面谈是一件很沉重的事情。

其次，跟客户约面谈时间的时候，让客户二选一。 上来如果直接问客户有没有时间，对方惯常的回答都是没有。但如果你能给客户提供两个选择——您是周三下午，还是周五上午有时间，客户就大概率会从你给的选项里挑一个。

再次，和客户要求专门的面谈时间。 如果不提出这一点，面谈时可能效率会很低，客户一会被电话打断，　会被其他事情打断，甚至压根没认真听你讲的内容。如果客户确实很忙，你可以说"只要 20 分钟就好，但请务必给我专属的时间"。

在确定面谈时间之后，还有一个小细节不要忽略——问下客户，面见前是需要先打电话确认，还是直接过去就可以，确保不对客户造成干扰。

－程智雄－

逆行：让客户请你吃饭

电话约访的时候，很多保险代理人出于善意，常常会说"到时候我请您吃个饭吧，咱们边吃边谈"，或者说"谈完估计也快到饭点了，我顺便请您吃个饭吧"之类的。殊不知，这并不是一个好的和客户建立联系的方法。俗话说"无功不受禄"，客户可能反而会觉得你是为了卖我保险，有求于我，才会对我如此殷勤。

这里有一个沟通上的小技巧，就是主动让客户请你吃饭。你可以说："我过两天正好到你们公司附近，你能请我吃个工作餐（或者喝杯咖啡）吗？"通常来说，面对这种合理的请求，客户是不好意思拒绝的。想想看，这件事如果换成你自己，恐怕也很难抹开面子吧！

我们还曾经对这两种方式做过测试。最后发现：**保险代理人让客户请自己吃饭的，90% 的都成功了；而保险代理人主动请客户吃饭，只有 10% 的成功率。**

当然，到了见面吃饭的时候，你可以主动先去结账、买单，最后再留个伏笔，跟客户说"下次你再请我"。

– 程智雄 –

判断：初次面谈的目标
是筛选客户

提到初次面谈，很多行内的人会说，我们的目标是跟客户建立信任。

可两个人怎么可能在第一次见面的几十分钟内就建立起信任呢？不是说绝对没有，只是概率太低了。

那初次面谈的目标是什么？和我们之前做的梳理名单、用电话约访一样，目的都是筛选客户，判断客户到底有没有可能成交。否则，对一个压根不可能购买产品的客户下功夫，这不是铁杵成针，而是非要撞南墙。

我在这个行业中看过太多勤奋但低效的业务员，他们勤勤恳恳地拜访了一堆无效客户，最终一个签单都没见着。

其实，不仅保险行业如此，**任何销售的本质都是概率。只有先筛选出有可能购买产品的顾客，再做销售，才有可能提高成交几率。**

那什么样的客户，要排除掉呢？

一种是，无论你说什么都和你杠的人。相信我，无论你销售技巧多高，这种人都不要去碰。

一种是高净值客户。因为他们的需求通常极为复杂，不是新手业务人员能够搞定的，硬着头皮上，反而可能把事情搞砸。不过，也可以视具体情况，找师傅、主管帮忙分析。

还有一种客户，无论你说什么，他都点头说"好好好""对对对"，完全不反驳，也从不主动提出任何问题。这样的客户一定要排除掉。

你想一下，如果你真的对一个产品感兴趣，这个产品的价格又不便宜，怎么可能销售人员说什么，你都没有问题呢？我就碰到过一个这样的客户，当时就判断，这个人没希望成交。

但团队里有新人不相信这个判断，我就做了个实验，继续和那个客户联络，他也从不拒绝我。直到出了方案后，客户才说"我考虑考虑"。现在，都过去 10 年了，他也没考虑清楚。

新人尤其要能识别出这类面子薄、不好意思拒绝人的客户。他们看起来什么都不拒接，但也不会答应，一直拖着你，拖到你都开始怀疑自己哪里做错了。

　　浪费时间、没有成交这点还不算严重。新人碰多了这种情况，被打击到失去信心，才是最可怕的。

　　如果你自己拿不准某个客户究竟合不合适，建议你一定要请教师傅或者其他有经验的业务人员。总之，**一定要尽早作出准确判断，筛选出有效客户。**

－ 程智雄 －

展示：初次面谈的正确打开方式

23

第一次跟客户见面，要聊什么才好呢？

很多人觉得，当然应该多了解客户，询问客户有什么需求、关心什么风险，等等。但其实，大部分客户自己并不很清楚，自己到底需要什么，或者对于保险产品有哪些特别在意的地方。因此，你一定要先对自己做一个比较全面的介绍。我们业内叫"三讲"。

哪三讲呢？**第一，讲我是谁；第二，讲我能做什么；第三，划重点复盘，讲我能为你（客户）做什么。**

接下来，我以自己为例，具体跟你展示下，这三讲要怎么跟客户说。

"我是谁"包括个人及公司介绍。但这种介绍不是简单地信息陈述，而要**把自己的独特优势提炼出来**。这也是客户和你建立信任并愿意选择你的重要因素。

我的个人介绍是：

我是平安的一名寿险顾问，已经做了 12 年，是公司总部的产品经理。

——强调既往经验的丰富性；并用职位为自己背书。

我对自己公司的介绍是：

平安作为一家大型保险公司，非常重视自己的品牌形象，因此对于核保和理赔的体系都是严进宽出的。审核时比较严，但赔付时比较轻松。

我们公司还会提供保险加服务的资源。线上有私人医生问诊服务，可以 24 小时咨询；线下有医疗的绿色通道。还可以提供一些海外的医疗资源服务。

我自己提炼这两个优势是因为，客户对于风险保障型产品（如重疾险、意外险等）普遍关心两个问题：赔偿做得怎么样？服务怎么样？

至于各家保险公司的具体情况，我没法给出面面俱到的分析，只能提供几个思路作为参考。

一个是从产品类型入手。保险产品大致分为两大类型：一是上面提到的风险保障型产品，二是现金流保障型的产品，如养老金、子女教育金的保险。可以参考我上面的示范。

另一个是从公司类型入手。例如，外资公司的品牌形象可能比较好，内资公司有中国保监会背书，等等。

需要强调的是，无论你选择哪些优势展示，都一定要有用户思维。有的业务员拼命夸自己公司规模大、资产多，但这些跟客户有什么关系呢？规模大、资产多，赔偿时更有保障，这才是和客户利益切实相关的。

"我能做什么"就要从个人特性入手，归纳、总结。我还是以自己为例：

我服务过很多和您类似的中高端客户，所以相关的经验比较丰富。

此外，我会再加上一点：

我自己每年都会帮客户做保单检视，避免出现客户情况发生变化，保障却没有作出调整的情况。所以我每年都会联系您一到两次，进行专业服务。

有的新人觉得自己资历浅，没有突出的亮点，也可以强调自己的师傅、主管经验丰富，能够提供专业的支持。

最后，在面谈快要结束的时候，划重点复盘，再次强调"我能为你做什么"。例如：

我会根据自己过往比较丰富的服务中高端客户的经验，帮您制定最合适的方案。并且，每年为您提供一到两次专业服务。如果您在医疗方面有什么需求，比如，需要挂号、看病，都可以联系我，我们公司有覆盖线上、线下和海内外的相关资源。后续也会一直为您提供服务……

要记住，你对客户说的每一句话、强调自己（公司）的每一个优势，都不是自我吹嘘，而要能让客户知道这些东西对他的价值和帮助是什么。

－ 程智雄 －

主动：优势须说明

　　客户同时接触几家公司的业务人员，其实是非常普遍的现象。那要怎样竞争过对手呢？我的经验是，不仅要把基础的工作做好，自己有什么优势也必须展示出来。

　　我一个徒弟的客户，同时有两家公司的业务员都在接触他。徒弟谈得好好的，突然客户就通过另外一家保险公司的业务员买了保险。后来我陪着徒弟去拜访这个客户。聊着聊着，客户说出了他选择另一家公司的原因："那家的理赔速度特别快，申请之后，赔偿金一天就能到账。"

　　我听了之后，立刻笑了出来。

　　其实，我们公司对于一般性理赔案件，是能够做到30分钟内就到账的。我曾经去一个生病的客户家里，帮他申请理赔。我刚离开他家时，理赔金就到账了，这前后都不到半个小时。

　　但我这个徒弟，从来没有跟客户说过这一点。

　　这就很可惜。如果是经验、专业性，或者销售技巧上不如别人，那是自己功夫还需要精进，但忘了介绍自己公司的长处，实在是不应该犯的错误。

－程智雄－

复盘：面谈之后，一定要"结账"

很多新人跟客户面谈时，明明聊得不错，但下一次却怎么都约不上客户了。是哪里出了问题呢？很可能是最后忘了"结账"。

这个"结账"可不是我们平常说的吃完饭付钱的意思，而是我们行业的一个"黑话"。意思是，**你和客户进行了一次有效的面对面沟通后，留出一点时间，当下把沟通的内容、达成的共识做一下总结，跟客户做个小复盘、划个重点。然后，确认好下次面谈的时间和内容。**这样才算一次面谈正式结束。

我在评估新员工工作的时候发现，很多业务员一个月内拜访了不少客户，但只有初次面谈。就是因为没有"结账"，第二次拜访就约不上了。

另外，还要提醒一下，无论是第几次和客户面谈，最后都要做"结账"的动作。

– 程智雄 –

◎和客户沟通

关于拜访客户，有一部分需要单独拿出来讲，那就是和客户沟通。在这一点上，除了与普通销售行业相同的地方，保险行业还面临独特的困境。

困境：保险产品的特殊性

和客户沟通时，保险代理人除了面临各行各业销售的普遍难题外，更大的难题在于：这个产品太特殊了。

首先，**保险产品是反人性的**。什么叫反人性？一般的广告都是告诉你，有了这个东西，你能变得多么好，但是保险，它通常是在人们发生意外、发生不幸的事情时，提供保障的工具。可谁希望自己没事生病，没事出意外呢？你和客户提，你以后得了癌症怎么着，客户会说，你才得癌症呢！

其次，**保险产品是不可感知的。**大部分产品，付了钱你就能拿到手。就算是期房，房地产商也会给你看漂亮的效果图，让你感知到自己买的产品，大概是什么样子。但保险交了钱，除了一纸合同外，眼下你拿不到任何实际的东西。

再次，**保险产品是无形的，没办法试用、体验。**大多数产品买的时候是可以试用的，具体有什么用，效果怎么样都是能看得见摸得着的。但保险则不同，没法试用。你总不能和客户说，这个重疾险，赔付非常及时，不信你生个大病住院试试。养老类产品也是类似的，你也不能和客户说，你先老一个试试。

这些因素加在一起，就让保险产品的销售格外难，这也构成了保险代理人这个职业独特的挑战。

－ 吴洪 －

破冰：从工作到健康再到保险

27

如果结识了新的客户，怎么跟他们谈起保险呢？是开门见山吗？

我的经验是，除非对方明确抱有购买需求，找到你就是为了找一个靠谱的代理人、买一份合适的保险，否则不要直接说。

你可能会问：我跟客户总不能一直聊别的，不提保险吧。这肯定也不成。那怎么办？我给你一个自己常用的破冰话术。

在跟二三十岁的年轻客户接触时，把工作作为切入点。"你们公司加班的时候多吗？有没有 996 呀？"

如果客户提起来，最近很忙、总加班、压力大，我就会像跟朋友相处时那样，推荐些我自己会用的减压方式。

"我会下很多冥想的软件，压力非常大的时候，就在家里找一个区域，放些特别安静的音乐稍微让自己缓个 5 分钟、10 分钟。对于缓解压力，还是挺有效的。"

这时，我会跳到另一个话题："我认识很多你这个行业的客户，其实都挺忙的，挺累的。有个客户，去年查出甲状腺的结节，现在身体上有很多问题。压力很容易导致这些小的问题。你平时体检的结果都正常吗？如果身体都还挺健康的，买保险还是挺容易的。对了，你之前有没有买过保险呢？"

通过先聊工作，然后提怎么缓解，再到健康，接着自然而然地谈到保险。否则，上来就谈保险，客户会有很强的防备心。

－张威华－

感知：让风险可视化

你和客户谈保险时，很多人觉得自己根本不需要。比如，对于二十多岁的年轻人来说，他们会认为生老病死离自己太遥远，没必要买保险；对于已经实现了财富自由的人来说，会认为不需要靠保险来分担未来可能出现的经济压力。碰到这样的客户，保险代理人该如何说服客户，改变客户的观念呢？

保险代理人上来不用急着用自己的专业给客户说道理，比如告诉客户风险是不可预见的，早买能早让自己获得保障；买保险是现在普遍的趋势，穷人富人都会买；等等。这样的说教是无用功，客户根本听不进去，也不会有任何改变。

我通常会采取两种做法。

第一，先给客户看图表，让客户直观地感受到保险的好处。

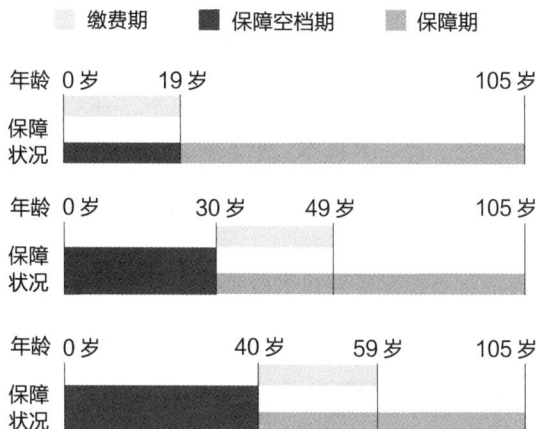

图 2-1

将这张图摆在客户面前，都不用过多解释，客户就会知道，买保险要趁早，因为买得越早。保费交得越少，未来获得保障的期限还越长。

第二，和客户一起畅想一下未来，再给客户算一笔账。

很多人虽然不愿意买保险，但愿意想象未来美好的生活。

将来越来越多的人会拥有百岁人生。这也意味着从 60 岁或 70 岁退休到 100 岁，我们将有 30~40 年的悠闲时光。你可以问问客户这几十年他希望自己过怎样的生活，然后借助简单的计算工具，输入客户的存款、投资收益等经济数据，再结合通胀情况，帮客户算算过上理想的生活需要多少金钱上的支持。虽然每个人对未来生活的品质和要求都不一样，但是，我们都会发现，每个人眼前的财富水平都是和理想生活之间有落差的。我自己算完这笔账之后就吓了一跳，未来想过上衣食无忧、环游世界的生活，还需要 8000 万元呢。

当客户直观地感受到这些数据后，就会有动力填补现实和理想之间的窟窿，这时你再跟客户说保险能帮到他，之后买保险的事情自然水到渠成了。

生活中每个人的具体需求固然不一样，但是终究不会离开健康、财富增值、传承等方面，如果我们在这些方面能够给到直观的数据，将风险可视化，让客户感知到不是我不需要保险，而是很多风险我没有考虑过和意识到，那么客户自然会转变观念，积极借助保险来满足自己的需求。

－张威华－

说服：保险是对冲
事件风险的工具

很多人觉得保险代理人就是个销售，不少保险代理人自己也这么认为，所以难以和客户开口。但其实，**保险代理人更是现代风险机制的教育和传播者**。什么意思呢？

我们知道，保险是一个用现在的钱对冲未来风险事件的金融工具。但你要让客户感知到这一点，还是需要去告知，去说服。

比如，你可以告诉客户，虽然叫风险，但很多事情是可以预测会发生的，这些事情发生的时间也基本是确定的。比如，每个人都有退休养老的时候，男性通常是 60 岁退休；有了孩子的话，孩子到了 18 岁时基本是要上大学的。

如果客户先估计下，未来需要多少养老费、教育费，再倒推出，从现在起，使用什么样的保险产品、购买多少额度的保费，等到退休、上大学的时候，就能获得足够的现金。

你也可以告诉客户，保险也可以对冲健康风险。假设客户的父母都有糖尿病，客户很担心自己未来也会发病，那我们根据客户父母两人发病的年龄，推算出 20 年后，客户会有发病的隐患。而糖尿病是个慢性病，需要长期治疗，一个月可能得支出一两千元。但这个病不需要住院，社保能够报销的范围就很有限。那就可以现在设置一个保险的年金账户，结合治病的费用、通胀的情况，做一个规划。可能现在一个月存几百元，20 年后，每个月就能领到一两千元，足够支付糖尿病治疗的开销。

很多客户觉得自己只要不发生意外，就不需要入保险。但其实，保险所说的风险，很多都是注定会发生的。保险代理人肩负着为普通家庭传播正确的保险观的使命，让更多的人了解、使用保险这个工具，来对冲未来面临的风险。

－李璞－

感动：一个好故事，胜过千言万语

我们知道保险是反人性的、不可感知的、是无形的，因此你和客户说"你将来如果得了癌症，没钱看病，可能会拖累家里人"之类的话，很多时候会引起反感。而且，对于并没经历过重病的人来说，你讲多少道理，他们也很难感同身受。

要令他们意识到保险产品的功用，讲故事是一个很好的方式。

我曾经跟日本的一位保险"大神"齐贺资和面对面交流过，他有一个讲了十多年的从业故事，凭着这个故事，他在日本做到了销售冠军。

当年，他刚毕业，在一家公司做销售。有一天等红灯时，碰到同公司的前辈，前辈邀请他一起打车去公司。通常情况下，打车费是要两个人 AA 的，但是这个前辈很热心，付了全部费用，还对他说："你刚来不久，第一次打车，我来请你。等你日后成了前辈，也要这样对待新人呀！"这件小事，令他对这位前辈留下了深刻的印象。

可没过多久，这位前辈就因病身故了。在葬礼上，他看到前辈才几岁的女儿哭着喊爸爸，太太泣不成声，觉得这家人可太惨了。而前来吊唁的亲朋好友虽然说了很多安慰的话，但没有一个人提供实质性的帮助。

后来，他得知这位前辈身前买的保险，给家人提供了一笔不薄的赔偿金，心里才好受了一些，同时也意识到为什么说"保险是雪中送炭"。于是齐贺辞了职，转去保险公司做代理人。

当然他的故事讲得非常生动，我只是记了个大概，他讲的时候在场的人无一不动容。这个为何加入保险业的故事，特别好地解释了保险的价值。齐贺每次遇到新的客户都会讲，一直讲了十多年，也因此成为日本数一数二的代理人。

如果你也有类似的经历，或者你看到身边有这样的理赔故事，也可以讲给客户。这比你直接提醒风险，客户会好接受得多。很多时候，一个好故事，胜过千言万语。

－吴洪－

匹配：见什么人，谈什么产品

见到客户以后，不少新人会想方设法把所有产品，特别是公司的明星产品推荐给客户，结果发现效果并不好——推荐了很多，客户一个没买。正确的做法应该是见什么人，谈什么产品，有针对性地推荐产品，做好客户和产品的匹配。具体怎么做？

第一，面对 25～35 岁单身客户，推荐健康＋储蓄类产品。

25～35 岁，没有结婚，也没有小孩，这类人很可能处于事业拼搏期，特别关注健康，所以我会聊更多关于工作压力、健康的话题，推荐健康类保险。另外还可以聊强制储蓄，虽然现在很多年轻人存款不多，但我会普及一个观念，就是你可以拿出月工资的一小部分理财，很多钱其实是被不小心花掉的，那还不如买一份保单帮自己强制理财。

第二，面对 30～40 岁，有家庭和子女的客户，推荐教育＋健康类产品。

30～40 岁，有家庭，有子女，这类人要么孩子刚刚出生，要么孩子已经上小学，重心大概率放在孩子身上。所以我会先以孩子为切入点，聊孩子的教育，让家长知道，现在准备教育基金，未来孩子有资本去更好的高校求学。另外我还会告诉家长一个观念，买保险一定要先配置大人，再配置小孩，因为大人是孩子的天，天如果塌了，孩子有再多保障也没用，所以大人也需要买好健康类保险。

第三，面对 40 ~ 50 岁，事业有成型客户，推荐理财 + 养老类产品。

40 ~ 50 岁，比较成功的男性或者女性，可能会更关心财富传承，以及退休养老规划。首先是财富传承问题，尤其是家里有几个孩子的，我会跟他们普及，其实不用担心分家产这件事，买一份理财保险，万一将来身故，可以用类似信托的方式分配家产，是一次性平分，还是每年每个月每个孩子多少比例，你都能定。而退休养老是刚需，可以很自然地聊到，为客户推荐养老类产品。

当然，这是你不了解客户的情况下通行的做法。等你对客户有了深入的了解，你要根据他的切身需求，做有针对性的推荐。

– 张威华 –

认可：如何面对"比较型"客户

你在和客户推荐保险时，可能会发现很多人已经同时接触过几家保险公司，他们会抛出"×××的服务感觉比你们更全啊""同样的重疾险，你们的价格这么高，和×××差出这么多"之类的说法。面对这类客户，保险代理人该如何应对？

直接说您理解错了，根本不是那样的，然后再介绍自己公司的优势吗？如果这么做，大概率会让你和客户变成针尖对麦芒的关系，甚至还会把你的客户弄跑。

遇到这种情形，**我建议你先认可客户的观点，然后再向客户表达你想要说的内容**（也就是采用"yes, and……"的句型）。比如，"那家保险公司确实很好，在行业内发展了好多年了，产品多样，服务也很好。但我们公司也不差，您也可以听听我的介绍，两边做个对比……"

对客户来说，显然这样的回应才是友好的。通过这种先认可、再转移到正题上的方式，客户才愿意给你机会和时间。否则，客户不是跟你对立地争吵起来，就是根本什么都听不进去。

– 程智雄 –

聚焦：别被客户带着跑，
关注核心诉求

和客户沟通时，不少保险代理人都是客户问 1，他就来解释 1。这样的做法看似是为客户答疑解惑，实则只是一直被客户带着跑。面对这类问题，我的建议很简单：关注客户的核心诉求。

我曾经有位客户是一名律师，当时他家里有人生病，本来就有买保险的刚需。但在我介绍完产品后，他出于职业习惯，对合同条款非常在意，一条一条指出合同中存在哪些问题。我要是就着条款和一位律师争辩，那是班门弄斧，结果可想而知。

我知道，这位客户的核心诉求是通过保险来解决家里的问题，于是跟他表达了一个观点："任何合同都可能有漏洞，无论它是多牛的律师起草的。但你花钱买的不是漏洞，而是权利。这些权利都是实打实的，如果符合你的要求，你就可以买。"后来这位律师考虑了一会就把保单签了。

我说出这样的话不是因为我对保险产品有多透彻的理解，

或者我的表达技巧很高超，而是我知道，如果我急于解释条款，就被用户牵着鼻子走了。我们沟通的重点应该是，保单提供的权利能不能为他提供适合且足够的保障，如果答案是肯定的，就**满足了他的核心诉求，其他只是细节而已。**

－ 程智雄 －

解释：如何应对客户质疑

在跟客户谈保险方案的时候，客户常常会对一些条款内容产生质疑。很多业务人员把自己当成了公司或者产品的"辩护律师"，拼命澄清或者辩驳。虽然讲的内容都是事实，但这种方式会让客户觉得，你在教育他，或者，你在跟他对着干。

那正确的方式是什么呢？仍然用"yes，and"的句型，先肯定，再解释。

举个例子。现在有很多内地客户到香港买保险，而港险有一个规定，吸烟人群在购买寿险、健康险时，要缴纳的保费会比非吸烟人群高 20%～30%，但客户常常对这一点不太理解。

一般业务人员会说，这是基于某某规定来的。而我会说："确实，吸烟的话，保费要高不少呢！我之前也对这个要求挺纳闷的，就跟公司核保部门，还有公司合作的医生请教过，才知道制定保费金额时，是按照疾病的发病率、死亡的发生率这个大数据来算的。从大数据看，吸烟群体的发病率确实要比非吸烟人群高一些。所以，从一个合理的精算的角度来讲，他们是会把吸烟的风险放到里面考虑，保费自然而然会贵一些。"

这样解释完，客户通常就不会觉得这些条款制定得不合理了。

最后，你还可以补充一下："其实您也不用太担心，就算是吸烟人士，只要您未来戒烟超过一年以上，尼古丁测试也没有问题，我们就可以把您的保费调到标准的范围。吸烟毕竟有害健康，如果您真的打算戒烟的话，不但对自己身体好，还能省一大笔费用。"

– 张威华 –

拓展：面对客户提问，提供额外信息

"我有点担心，再过几十年，你们公司会不会倒闭啊？"相信绝大多数业务员都遇到过这个问题，一般业务员会回答："您放心，不会的。"

但这样就够了吗？客户真的会相信你吗？我的建议是，一定要提供一些额外信息，比如公司的历史、优势、地位等。

比如我会这样说："您看，我们公司已经有170多年的历史了，它之所以世界知名，是因为做过很多创举。一战、二战死伤人数二三十万，我们做了理赔，那个年代，理赔由战争引起的伤亡，在全世界都是首创。之后泰坦尼克号、戴安娜王妃的车祸，都是由我们公司理赔的。

"到现在，我们公司连续10年业绩排全港第一，让我们特别骄傲的是偿付比例，您可以把它理解成一家保险公司的偿付能力。在香港，保监会要求最低偿付比例是150%，一般保险公司能达到200%~300%，而我们是500%多，所以公司财务状况非常好，您尽管放心。"

很多时候，客户问了一个点，我们其实可以从很多维度回答，不仅可以赢得信任，还能展现自身优势。

－张威华－

提示：重要的事情坚持用电话沟通

有时候，我们会有一些事情要和客户沟通，但这个事情并没重要到必须把客户约出来面谈。通常，我们会在微信上说：有事儿想跟您说一下。但客户常常在忙别的事儿，回一句"你先留言吧"。

你可千万不要真的留言。这类事情并没有简单到能用三言两语说清楚。说得少了，客户不当回事儿；说得多了，客户会难以理解。

我见过两个比较极端的说得多了的例子。

一个是，我们的业务员给客户留了15条60秒语音。你想想自己要是看到这样的留言，会想点开来认真听吗？

还有一个是我的客户的前业务员，经常给客户发长篇大论，而这个客户本身又特别不喜欢看东西。他告诉我，有一篇微信消息长到他看了3次都没看完，因为每次看到一半就睡着了。

正确的做法应该是，客户说有事儿，你就说一句："您先忙，等您有空了，我再联系您。"然后，专门打电话过来，跟客户沟通。

很多业务员会觉得，微信上说事情多方便呀，还能减少对客户的打扰，但我要提醒你的是，比较重要的、业务上的事情，还是要坚持用电话沟通。

－ 程智雄 －

◎ 保险方案

补充：出保险方案的两个原则

提到给客户出保险方案，你可能觉得，这是一个非常复杂、专业的东西。一个新人，是不是很难快速掌握呢？

其实并不是，你只要把握住两条核心思路就够用了。

第一个思路是，对客户的保险责任进行分析。简单来说就是了解客户之前已经有哪些保障，比如，有社会保险，公司还有补充医疗，甚至客户自己还买过某些商业保险，等等。

客户已经有的保障你就可以不用管，只要把他缺的部分加上就行了。如果是对于那些没有社保的"个体户"，你就得从零开始算，把他可能遇到的风险都考虑在内。

第二个思路是，产品价格要匹配客户的预算。

假设按照最完善的保障方案来算，客户需要交 10 万元的保费，但他的预算只有 3 万元，你可以先按照 3 万元给客户制定方案。

我就碰到过一个客户，他的经济状态不错，按照完善的保障方案，他需要 10 万元的保费支出。但客户当时刚买了学区房，需要还贷，3 万元就是他的上限了。我就跟他说："我先按照 3 万元的预算给你做方案，但肯定是能够足额更好。不过不急，等以后合适的时候，再慢慢加够就行。"

总体来讲，**根据客户的预算补充上客户缺失的保障，是出保险方案的基本思路。**至于其他的一些细节，就要视各家公司的产品具体来定了。

－ 程智雄 －

回顾：确认与强化需求

38

到了给客户展示方案的环节时，很多业务人员会开门见山，就着方案本身去跟客户讲。我建议，不要急着呈现方案，而是先就着之前谈过的内容，跟客户做一个简单的回顾、复盘。

这样做，一个是，确认你和客户之前达成的共识没变。否则，客户需求都变了，你的方案做得再好，也是白谈。另一个是，再次强化客户的需求。否则，之前被调动起来的购买意愿，经过一段时间后，已经没那么强烈，那你这一次讲得再好，客户可能都没太被打动。

在这里，我有几个话术供你参考。

首先，你要先跟客户说："上次跟您聊完后，我回去做了比较仔细的考虑，觉得您最关心（最担心）的是……"

如果客户没否定，你再说第二句话："在了解清楚您现有的福利保障体系以后，我觉得您最需要的是……"

然后，你再看一下客户的反馈。如果客户还是没什么问题，你最后再说："那么在我制作方案的时候，我针对了……几点，制作了……样的方案。"

最后，还有一个小细节，就是客户可能会对某种疾病特别担心。

比如，我碰过一个客户家里人有糖尿病史，他就特别担心自己日后会得糖尿病。我当时就多做了一点："刚好我们公司可以对肝肾疾病做单独的加强，我知道您比较担心糖尿病，就把这一块的保额比重加高了。"

当然，这一点并非适合所有公司的产品情况，要看具体情况。但上面三点，是每个业务人员都可以使用的话术。

— 程智雄 —

触动：呈现保险方案，
可感知比专业更重要

保险代理新人在给客户解释投保方案的时候，大多会照着公司现成的说明书念一念，稍微用心一点的，会把产品的资料梳理一下，做成PPT，但抛出的信息都是让客户听了一头雾水的概念，以及一些专业性的规定、条款。客户根本听不懂你在说什么，更别说认同你的方案，在你这买保险了。

正确的方式是什么样的呢？是用人们可感知的方式，向客户做出简单、易懂和准确的解释。

具体来说，第一步是戴帽子。你首先要让客户明白，投保方案是基于他的情况做出的最合适的方案。而且，表达时也要尽量避免逻辑式的分析，要用感性的表达。

比如，我在碰到客户和我本人情况相近的时候，就会说："我给您出的方案和我自己现在买的保险一模一样。"这样，客户虽然不清楚方案具体是什么，但至少能感性地认识到这个方案的可靠性和周全性。

再比如，想要证明自己设计的保险方案很好，我就会说"我方案里设计的两个产品，都是我们公司的明星产品""我们公司99%的业务员都给自己选择了这款产品"，等等。要知道，打动客户的，往往是这种"可靠"的"感觉"。

第二步是利益讲解。同样的道理，在跟客户讲解保险产品的利益时，也不要直接念保险合同中的条款，而应该用举例子、打比方的方式，让客户明白这款保险到底能给他带来什么利益。

比如，一款意外医疗保险产品规定"意外医疗住院报销比例是80%"，如果你直接告诉客户这一条，客户可能什么信息都没接收到。我在说明类似规定的时候，会举一个真实发生过的其他客户的案例——我有一个客户因为意外住院，社保报销完之后，还有5000元需要自付的医疗费用。因为他在我这里购买了意外医疗保险，保险支付了剩下的5000元，客户基本上没为住院花钱。这种感性的表述方式显然比读条款容易理解得多。

第三步是预演未来。很多客户其实都明白"保险产品是对未来风险的一种保障"，但有时候即使你磨破了嘴皮，他也还是不愿意购买。这很可能是因为除了理性的分析外，你没有找到触发他情感的需求点。

　　遇到这种情况，保险代理人可以先带着客户想象一下买了某个保险产品之后生活是什么样的，他是如何通过保险得到保障的。比如，我常跟一些和我年纪相近的客户说："你算算，等到退休后，社保每个月能给我们发多少钱？如果买了商业养老保险，未来又能给我们补贴多少钱？到时候，我们想去哪旅游都不是问题，也不会给孩子增加负担，甚至孩子事业上需要支持，我们还能补贴补贴……"这种围绕客户情感上的关注点、担忧点进行的沟通解释，是不是比千篇一律地讲大道理或读条款来得更有效？

　　所以，呈现保险方案时，可感知比专业更重要。

－程智雄－

主导：不是客户问什么，你就要答什么

在跟客户讲解方案的时候，经常发生的一个状况是：你正在讲 a，客户问你 b 或 c。大部分业务员都会下意识立刻回答，觉得这才是服务客户的正确做法。

但是，我想告诉你，**如果想签单，千万不要被客户带着走，而要主导整个讲解流程**。否则，客户一个接一个问题发问，你只顾着应付眼前的问题，最后都忘了自己到底要跟客户讲什么、要怎么说服客户购买了。

碰到这种情况，我通常会说："稍等一下，我先把方案整体介绍完，您有什么疑问我一起解决，这样您也能了解得比较清楚。"

其实，很多时候，当你把整个方案讲解完后，客户的那些问题自然被解决了，或者他压根儿想不起来了。这样一来，你就能很顺畅地进入下一个环节——引导客户签单。

促成：敢于引导客户签单

有的业务新人，见了很多客户，方案也做得不错，就是久久没能成交。是因为面谈过程里出了什么问题吗？是没有找到客户的购买理由吗？还是做的方案，客户不满意？其实都不是。问题出在，他们不敢让客户签单。

我曾经带过一个徒弟，他做了 3 个月，可一个成交的客户都没有，最后心灰意冷，辞职了。离职前，他把所有客户移交给一个跟他关系不错的同事。没几天，这个同事唰唰唰签下了十几单。我看到后觉得很奇怪，就去问怎么回事。

接手的同事说：我一见面就去问客户，"之前 ××× 给你做的方案，有什么不满意的地方吗？是不是需要调整？"客户都说没问题。

我就问，"那你为什么不买？"

客户说，"他从来没让我买啊。"而我一说让客户签单，客户就签了。

很多人以为，业务人员的心理障碍在不敢对陌生人张嘴推销东西，其实，他们还有一道心理障碍是不敢直接让客户购买产品。

事实上，业务人员让客户签合同、买东西是理所应当的，尤其是当客户既有需求，又已经对你作出的方案感到满意，你一定要敢于张嘴，引导客户。否则，做了99%，却折在了临门一脚上，难道不可惜吗？

这临门一脚在保险业内有句行话叫"促成"。具体怎么做呢？业务员可以在沟通的各个环节促成。比如，在介绍"我是谁、我能做什么"的时候，你感受到客户对你有一定的认可，就可以直接说"如果您有买保险的需要，随时可以找我"，这就是一次促成。再如，进行需求分析的时候，你发现客户最担心的重疾是癌症，而公司刚好有一款能多次或双倍赔付癌症的产品，就可以直接说"您买这个产品就可以"，这也是一次促成。

你看，促成未必要等到呈现完方案才做，你可以在整个沟通阶段，不断找机会促成。

呈现完方案后的促成在保险业有个专有名字叫"带流程"——把客户带到签单的流程里面，这里也有很多常用的技巧。

比如，询问客户常用哪个银行的银行卡。"您用 × × 银行的比较多是吧？正好我们公司和 × × 银行有合作，只要卡内有一定金额，您点开我发的这个链接签个字，就可以直接划账承保了。"如果客户这时候说"等一下，我还有个问题"，那就先处理问题。但不要害怕去促成。

再比如，在客户已经认可了你的方案，却习惯性犹豫时，要给客户正向引导。像有些险种要求客户先做健康问卷，没有既往病史才能买。很多业务员会这么问："您是否有 × × × 病史？""否。"一直"否"。等到签字那一刻，客户说"等一下"。而我会这么问："关于 × × × 类疾病，您以前有没有问题呢？""没问题。"一直"没问题"，等到签字那一刻，客户很可能也说"没问题"。看上去这可能有点像套路，但是对于容易犹豫的客户，正向引导是很关键的。

总之，无论是呈现方案前还是呈现方案后，敢做促成才有机会签单。

— 程智雄 —

算账：客户需求，客户
自己也未必清楚

很多人在销售保险产品时，因为抱着"销售"的目的，要么推荐客户多买，要么不管保额能否满足客户的实际需求，只要能成交就行。这种做法，对客户肯定是不负责的，对我们自己，其实也没有好处。一方面，当你计算少了客户的实际需求，就损失了成交更大保单的可能性；另一方面，如果客户将来出现什么问题，发现自己买的保险不够用，对你也就毫无信任可言，更谈不上什么转介绍了。

我建议，在设计保险方案前，一定要先深入了解客户的需求，把每一种可能性都帮客户算清楚。

这里，我以孩子的教育费用为例，简单示范下怎么做。

假设客户家的孩子快上幼儿园了，北京的公立幼儿园每个月学费大致在 4000 ~ 5000 元——这只是教育费用的一部分。此外，孩子还要上 3 ~ 4 个兴趣班，周末和寒暑假还会有夏令营、冬令营等活动。我沟通过很多客户，这样算下来，他们孩子一年光教育支出就需要 15 万元，生活费用都还没算上。

很多客户看到这个数字就惊呆了，他们从来没意识到孩子的花销如此之大。但其实，这些项目和费用都是客户们告诉我的。

而再往上，小学、初中，上公立的还是私立的，国内读还是国外读……把这些都计算完以后，我们再跟客户讨论、评估，基础教育的费用怎么解决，如果孩子要出国读书，费用怎么解决，按照明细一项项来。最后，才能说我们给客户出了一个比较完备的保险方案。

－吴征宇－

变通：要实现目标，
有多种手段

我们在帮客户设计保险方案时，无论考虑得多么完备，免不了会遇到一个问题：客户的预算和完备的保险方案无法匹配。简单来说，就是能拿出来买保险的钱没那么多，怎么办？

我自己碰过一对夫妻，预算只有 1 万元，对应的重大疾病保费在 40 万元左右。而我给他俩测算出需要 100 万左右的保额。差的这 60 万额度怎么办？夫妻俩总不能压缩别的开销，来凑这些保费吧。

我就加了一些消费型的重疾险。这些产品并不贵，只是客户不生病的话，每年交的保费会被消耗掉，不退本金。但是，这种产品对应的保额高。这就既能给到客户足够的保障，又不会增加太多的经济负担。

后来，这对夫妻中的女方，得了重疾，就拿到了百万元的理赔金。

- 吴征宇 -

◎关注客户本身

在拜访客户时，除了正确地沟通，给出方案，客户本身也是决定性的因素。如果新人忽视了这一点，哪怕和客户沟通得再通畅，也会事倍功半。

挈领：找到做决策的那个人

44

我带过一个徒弟，三番五次碰到同一种情况，就是把保险方案都给客户做出来了，客户说一句"我回去考虑考虑"后，就石沉大海再联系不上了。

是方案做得不够好吗？没有解决客户的实际需求？都不是。是找错了人。

这个徒弟联系的客户，压根不是家里做主拍板的那个人。

这就好比"找爷爷说孙子的保险，最后父母不同意"，根结在于，没找到正确的决策者。

通常，我在了解了客户的基本需求之后，会先打听一下："这种事情（买保险），一般家里谁说了算呢？我们家都是我老婆做主，不知道您是自己就能决定，还是交给太太管呢？"

如果客户自己就能决定，那就继续谈下去。

如果客户说是妻子管的，我就会追问："那要不要叫上嫂子一起呢？或者您给她打个招呼，我单独拜访一下。"

如果是两个人共同决策，更要把夫妻双方约到一起讨论。

否则，就算你一次次拜访客户，连方案都设计出来，可因为一开始就找错了人，付出的大量时间、精力都成了无用功。

– 程智雄 –

兼顾：别忽视另一半的影响力

跟客户谈方案的时候要找对决策人，同时也要注意到，不实际拍板的一方对最终决策人的选择会有重要影响。

我曾经碰到一对年轻的夫妻要买保险，由于当时女方收入比男方高一些，夫妻俩就咨询我两个人的保单额度应该怎么设置。

有一些业务员会想当然地说出"经济支柱更重要，应该多买"这样的话来。

但我没有。我先分析了男方和女方未来的工作模式、收入模式和家庭模型：一方面，两个人都很年轻，男方还有很大潜力，是绩优股；另一方面，如果未来抚养子女，女方或多或少要向家庭靠拢，投入在家庭中的精力要更多一些。所以，不能用当下的收入状况去评估家庭未来发展的可能性，并以此设置保额。

接着，我对他们说了这样一段话："你们俩搭伴过日子，都是平等的。一个人出了状况，另一个人肯定要承担，所以我认为对两个人的保护要一样。"

说完之后，我立刻感觉到男方对我的态度不一样了。后面我在讲产品的时候，他几乎没认真听，都交给女方决策。这就是因为他的自尊心没有受到伤害，便对一切放心了。否则，如果我站到他的对立面上，他回家后会用 100 种方法阻止妻子在我这里买保险。

后来我得知，他们之前接触过的业务员就是建议收入高的一方应该多配置保费，最后没能签单。

因此，**新人一方面要明确知道谁是决策人，另一方面，也不能忽视那些虽然不做决策但会产生影响的人。**

– 程智雄 –

对症：分别找到购买理由

一份保单是对一个家庭风险的规划，所以，保单通常不是一个人说了算的，很多时候是需要家庭成员共同决策的。面对这种情形，我们就要分别找到这些决策者，逐一解释属于他们的购买理由。

有一次，我看到我师傅的寿险该加保了，就找到师傅，和他说："师傅，您花了10年时间才把咱们的团队建设成这样，多不容易呀！而且您在团队里的作用是没有人能替代的，如果哪天您真的生病了，没法带我们了，这个团队岂不是很容易就散了？我建议您给自己的寿险再加些保，这样就算身体出了问题，至少您还可以用理赔的钱找个职业经理人先帮您打理着，维持团队的经营。这也是您作为团队领导人的责任呐！"

对于师傅如此敬业的人来说，这个理由已经足以说服他加保了。但这件事并不是师傅一个人说了算，他需要和师娘共同商量后才能决定。给师傅的购买理由对师娘来说并没有什么说服力，为了让师傅把保障加够，我还需要找到让师娘信服的理由。

我是这么和师娘说的："师娘，如果师傅能够顺利干到退休，家里的经济收入自然不成问题。但如果师傅得了什么大病，没法工作了，您和孩子的吃穿用度就可能都会受到很大的影响。所以，您的责任就是保护好我师傅，我建议您给师傅的寿险加保，这样即使有什么突发状况，也还是可以保障您和孩子的生活。"

师傅最关心工作、团队，而师娘更在意生活品质和孩子，我分别从他们各自的需求出发来沟通，就更能打动他们。

由小见大，虽然是一份保单，但是作为保险代理人，我们还必须考虑能决定是否购买保险的隐性共同决策者的因素。

— 程智雄 —

◎转介绍

有一个和拜访客户一样，具有战略级意义的工作——转介绍。在保险行业，有一句话叫"转介绍要像呼吸一样"。

转介绍，顾名思义，就是请客户帮你介绍其他客户。具体怎么请客户帮你介绍，我们会在下文中逐一讲解。

出击：从被动型到主动型

保险代理人通过日常对客户的服务和关系的维护，能取得一些客户的信任和认可，客户也会热心地介绍想买保险的朋友给保险代理人。业内把这种转介绍的方式称为被动型转介绍。

由于新介绍来的客户一般都有明确的需求，又有老客户的背书，被动转介绍的成功率比较高——即使是一个缺少经验的新人，成交的概率也能达到 40%；而对于业务熟练的代理人，成交的概率更是能够达到 60%~70%。但它的劣势也很明显——随机性太强，只能被动等待。

比起这种守株待兔式的转介绍，保险代理人更应该向客户主动要转介绍，相对的，这种方式在业内被称为主动型转介绍。

主动型转介绍的优劣势正好和被动型转介绍相反。由于挖掘到的客户不够精准，主动型转介绍的成功率没那么高，大概在 20%~30%。但它的优势在于，客户资源基本掌握在保险代理人自己手中，做得越多，客户资源就会越多。

在我看来，转介绍其实不分什么主动、被动。即使是被动转介绍，前提也是我们为客户提供了足够好的服务。因此，保险代理人要始终保持"进攻"的态势，才有可能一直获得足够的转介绍。

– 程智雄 –

引导：当面要转介绍

要转介绍的方式，最常见的是"一对一索取"，即你可以在给客户打电话或者面谈的过程中，主动要求客户给自己介绍客户。

通常来说，当业务人员主动提出这种需求的时候，客户都会答应"好好好""没问题"。但你要是相信这样就能拿到转介绍，就太天真了。

那怎么才能让客户不仅嘴上答应，还在行动上真的帮你呢？保险代理人需要做到以下三件事。

第一，进一步提问。

客户作为行业外的人压根儿不清楚要介绍什么样的人给你，你要通过提问定向描述画像，让客户头脑里浮现出名单。

通常我会先感谢客户信任我或者愿意帮助我，然后问他："您身边有没有人经济实力比较强，年收入在 30 万到 50 万元？"一下子就帮助客户划定出范围。接着再说："这样的朋友最好已经结婚了，而且孩子刚出生或者只有一两岁。"这时候，客户头脑里大致已经有名字出来了。他可能会对你说，"你知道谁谁谁吗？他孩子刚出生没多久""我身边确实有这样的朋友"，等等。

第二，打消客户疑虑。

有了名字之后，我们要解决下一个问题——打消客户疑虑。很多客户会担心你去骚扰自己的朋友，或者被朋友误会自己在中间获取好处，等等。这时你要主动说明："我绝对不会骚扰您的朋友，如果他有保险需求，我会按照专业销售流程进行，一定把服务做好；如果没有需求，权当交个朋友。最后不管成不成，我都会给您一个反馈。"这样一来，客户就会放心一些。

第三，解除销售障碍。

疑虑虽然打消了，但客户会有"销售障碍"——不知道怎么把你介绍给自己的朋友。你可以告诉客户："不用说太多，就简单提一下，现在家庭有了孩子以后通常都会选购保险，我自己的保险代理人或寿险顾问服务得很好，也很专业，人又踏实……"再让客户结合他对你的真实看法，跟朋友简单介绍一下。

接下来，你就可以和客户要这个朋友的电话主动联系了。

请客户告诉朋友，你下个星期可能会打个电话。当然，如果客户还是很介意的话，就不要往下进行。但以我的经验来说，大部分人不会拒绝。

联系朋友之后记得给客户一个反馈。当客户介绍过几次，你又有一些成功的案例、给了他很好的反馈时，客户就会更愿意帮你介绍新的客户了。

－ 程智雄 －

融入：打入客户的朋友圈

如果你尝试一对一索取转介绍名单后，客户还是不愿意提供，而他身边的资源又特别好，怎么办呢？

是死缠烂打，见客户一次就和客户索取一次吗？当然不是。你要想方设法和这个客户成为朋友，打入他的朋友圈。

我有一个在华为工作的客户，由于我和他有一些共同的爱好，我俩的性格、三观又比较合得来，我就努力跟他成为了朋友。我常常组织一些活动，招呼他带朋友一起聚会、一起玩儿。一来二去，自然和那个圈子里的人熟络起来了。

有一次，我们聚在一起打牌。三个人在斗地主，另一个朋友和我在旁边讨论保险的问题。没等他们打完牌，我就已经把单子签下来了。

当然，使用这种做法时，需要满足一些条件：

首先，你得判断，自己确实和这个客户有成为朋友的可能性。比如，有共同兴趣爱好，性格相近，等等。

其次，你要抱着做朋友的发心，打入客户的朋友圈，而

不是把签单放在第一位。 否则，你跟其他人压根成不了朋友，更谈不上建立信任，后续的销售更是难以进行。还是那句话，做陌生客户，要把对方当成熟人对待。

最后，这种做法属于"放长线"，不要急，也不能急。

–程智雄–

张罗：活动型转介绍

提起转介绍，还有一种方式是组织客户参加活动。保险公司大多会给各个营业部一定的预算，用于办活动。通常来说，针对亲子客户，大家会设计做蛋糕、拼拼图等孩子们喜欢的活动；针对对理财感兴趣的客户，会设计现金流游戏。

但是，我们发现这样的活动存在一个问题——招呼来的都是已有客户，举办的活动只是维护好了这部分用户，提升了他们的客户体验，并没有起到帮忙转介绍的作用。

后来，我们在给客户发消息或者发朋友圈时，会有意识地告诉他们，可以带自己的朋友、同事一起来。比如，妈妈客户就可以招呼上跟自己关系好的其他家庭。再比如，我有一个客户，同事们都很爱打篮球，我就办了个篮球比赛，让他把同事都带过来。所以活动型转介绍的关键是，让客户把其他人带到现场，使你有机会和他们有直接接触。

至于做活动时怎么要转介绍，就相对简单了。活动前，让参与者填写登记表；活动中，拉个微信群，把活动照片发进去，自然就有机会跟这些陌生客户建立起联系了。

很多保险代理人自从客户签了保单之后，就觉得目标达成，可以投入下一个销售了，于是疏于维护和服务客户，客户转介绍的动力自然不大。

而要让客户愿意主动将自己的亲友介绍给你，日常的、用心的维护和服务必不可少。说到底，这就和口碑相传一样，你得有口碑才行。日常对客户的服务有一项是立竿见影的，那就是给客户送礼物。保险代理人如果在给客户购置礼物时选对了东西，除了能收获用户的好感，还会得到源源不断的转介绍资源。

通过送礼物获得转介绍，有两条原则可以把握：**第一，礼物必须能够体现送礼人的心意；第二，最好是客户周围的人也能感受到这份心意。**我举两个比较典型的例子。

有一年的十一假期，我要求部门里所有的保险代理人 10 月 7 日就回公司上班。因为我们给所有的女性客户选购了一批丝巾，保险代理人必须把丝巾提前包好寄出去，保证客户节后开工第一天就能收到礼物。这样的安排，有两层考虑。

一层考虑是，北京的秋天很短，十一之后，说不准哪天就会突然变冷。及时给客户送去丝巾，是给客户送去一丝温暖。我还要求所有保险代理人都手写一张卡片放进包装盒里——"天气随时可能转凉，所以挑了一条小丝巾，您多注意身体"。礼物虽然不贵重，但客户都会用得上，也会感受到心意。

另一层考虑是，礼物大多是送到客户工作的地方，当一个人收到这样的礼物后，周围的同事肯定会打听是谁送的。如果听说是保险代理人送的，自然会觉得这个保险代理人很暖、很有心。如果有买保险的需求，甚至可能会主动索要联系方式，转介绍的资源就会随之而来。

我当时特意统计了数据，仅 10 月 8 日那一天，我们团队就收到了 70 多个转介绍来的客户资源。效果立竿见影。

除此之外，我们也会在各种节日为客户送去贴心的小礼物。有一年儿童节，我们给有孩子的客户送去了一份小拼图，还随礼物附了卡片，卡片分为两部分。

第一部分是写给家长的，"×××的父母，知道你们平时工作很忙，但再忙也多陪陪孩子。今天是六一，特别选了份拼图送来，希望你们和孩子玩得开心。"第二部分是写给孩子的，"××× 小朋友，送给你一个小拼图，祝你儿童节快乐！希望你将来能成为像爸爸妈妈那样优秀的人。"

后来，很多客户都发来消息感谢我们，还把孩子抱着拼图的照片发到朋友圈，很多人都能看到，这就为转介绍提供了非常好的契机；客户本身也更愿意主动将朋友介绍给我们。

－程智雄－

引入：工具型转介绍

要是既没有办法直接从客户那里要到转介绍名单，又觉得先跟客户成为朋友，再去结识他的朋友的做法太费劲，活动也不是经常能举办，那我建议，你可以用一些小工具，获得转介绍客户。

有一次我碰到一个让人很头疼的客户——每次拜访他，他都把我带进公司的会议室里，除了前台和他，我压根没机会认识他公司里的任何人。

后来有一天，刚好碰到他的公司组织团建去东南亚旅游。我就问他："你们出去玩的保险买了吗？我们公司可以给客户提供这方面的服务。"

他就把行政叫进来，了解了下情况。听说还没上保险，他对行政说："不用找旅行社了，正好我是他们公司客户，直接在他这儿办了吧！"

那个时候我突然想到了一个很好的方法，就是有意识了解客户所在的群体是否有固定的旅游、出行习惯。

如果你想让客户把同事介绍给你，那就关注公司集体团建的安排；如果你想客户把朋友介绍给你，那就有意识地询问、记录客户的出游习惯，尤其是一些有自驾爱好的客户，可以主动给他们的车队办理出行的意外险。

通过意外险、旅游险之类的小险种，用较低的门槛，让客户愿意把周边的同事或朋友引荐给你，先建立起联系。

但掌握这些人的联络方式，只是第一步，接下来怎么做才是至关重要的。很多业务人员会犯两个致命的错误：一是询问中间人自己可不可以联络他的同事或朋友，你放心，这个中间人的回答一定是否定的，接下来你就没法推进了；二是打电话直接进行销售，对方基本上会直接把电话挂掉。

那要怎么做？

要知道，这些人已经是我们的客户了，我们理应告知客户保单是在哪里购买的、有什么需要注意的地方、如果发生意外要联系谁，等等。也就是说，拨电话时我们的身份不是销售人员，而是服务人员，告知用户，自己是他跟保险公司之间的连接。

我通常会说："你好，我是 ××× 的朋友，也是 ××× 公司的保险代理人，你们公司团建出行的旅游险是在我这里办理的。关于这份保单，有一些注意的事情，我想跟您简单说一下……您可以存一下我的电话，再加下我微信，如果有任何问题，随时联系我。"

通过这样的方式，客户的同事和朋友就成了你的新客户。

－程智雄－

扩散：请客户发朋友圈

对于没有多少客户资源，又想干出一番成绩的保险代理新人来说，有一个特别直接的办法适合尝试——请客户发朋友圈。提醒一下，这个方法同样拒绝率高，但如果你什么都不做，就什么都没有，所以放宽心，做就是了。

在什么情况下，适合请客户发朋友圈呢？有以下三种。

第一，分享高性价比产品。

对于一些高性价比产品，你可以请客户在朋友圈分享出来，告诉他这个产品有什么好处。比如百万医疗险，价格非常便宜，每个人都该在社保基础上补充投保。

第二，晒优质理赔服务。

当你的理赔服务做得很好时，也可以让客户发一个朋友圈，晒晒整个理赔的过程和亮点，并且附上你的微信二维码。

第三，直接推荐代理人。

这种方式适用于你和客户很亲近的情况。即便是新人，也总有客户跟你关系相对亲近，愿意力挺你、推荐你，这时你要把准备好的短小精练的自荐信（一定要附上二维码）给到客户，再让客户基于自己的真实看法稍微修改一下发朋友圈。

请客户发朋友圈和做销售是一样的，不要怕被拒绝。1个、2个客户可能会拒绝你，但如果你对20个、30个客户提出诉求，总会有人愿意帮你。你也会陆续从客户那里要到转介绍的名单。

－程智雄－

前面讲了很多要转介绍的技巧、方法，看上去转介绍是一种技术。

如果你把转介绍归类到技巧的范畴上，你每天思考的内容就会是：用哪些工具或者用什么方式去要转介绍？或者在没客户的时候，才想起这件事来。甚至觉得自己没有成熟的技巧、巧妙的方式，压根都不敢要转介绍。

但其实对于保险代理人来说，转介绍更是一种习惯。就像刷牙，每天早上起床后，不用刻意提醒，每个人也会做这件事。保险代理人从接触第一个客户开始，就应该养成要转介绍的习惯。还是那句话，转介绍要像呼吸一样。

而前面讲的所有方法，都只是帮助代理人培养习惯的工具。

第三部分

进阶通道

我们在本书开始的地方说过，保险代理人的新人阶段最艰难，所以会花最大的篇幅来告诉你如何度过新手期。保险是一个周期很明显的行业，只要你活过新手期，就基本能在这一行扎下根来，甚至能以保险代理人为终身职业。

那么在保险行业里，怎么算是过了新手期，登上一个新的台阶，成为骨干了呢？我们综合了几位行业高手的建议，给你几个参考指标。

第一个指标是奖项，拿到 IDA 的基础奖项或 MDRT 的普通会员就可以。

不过，这个指标是针对北上广等购买力强的一线城市。如果你在其他城市，把标准减半即可，也就是完成这两个奖项要求的一半业绩，就能进入新的阶段了。

你可能会觉得，拿到奖项才算活过新手期，这也太难了吧。但其实，程智雄老师的团队测算过，一个业务人员只要把"三件事"——拜访客户、服务客户、要转介绍——完成得很扎实，每天真正做到8小时认真工作，在没有任何技术的情况下都可以达成。

第二个指标是转介绍的占比。如果成交客户中，转介绍客户占比超过50%，也就是平均每成交2单有1单是转介绍客户，就可以算是进入新的阶段了。

如果你还是新人，可以用这两个指标衡量一下自己，如果达标，那么恭喜你，你已经成功晋级！

在进阶阶段，我们不会像新人期那样面面俱到、事无巨细地告诉你每一步怎么走，而是会从业务和客户等典型方面，告诉你有哪些可以提升的方法。

◎业务上快速提升

复用：掌握一劳永逸的方法

01

新人阶段，掌握产品，我们强调模仿。那到了这个阶段，还是亦步亦趋地跟高手学吗？并不是。在进阶阶段，你得摸索出一套自己的方法，这套方法可以无限复用。这样，就不用来一个新产品，你就从头开始学一回。

这套方法具体来说，是这样的。

首先，当你面对一个保险产品，要先看它的保险责任——保什么、不保什么，以及达到什么程度会理赔等。举个例子，医疗保险产品 A 是，如果客户住了院，无论什么疾病，都可以赔付住院费；但客户只是检查、拿药，产生了医疗费，却没有住院，那即使医疗费的金额很高，产品 A 也不会赔付。这种基础的东西，必须先搞清楚。

其次，要归纳产品的核心优势、亮点，很多人从这一步开始就没有做。

再就是翻译的工作，把优势、亮点整理成客户能听懂的语言。不要小看这一点，如果不能让客户听懂，那么你前面的所有工作都白做了。

比如，我们公司曾经推出过一个"升级服务"。简单来说，就是多年以前的重疾险可能赔付的疾病只有 50 项，而最新的重疾险已经可以赔付 100 种疾病了。客户只要补上新老两份产品差价的 1%，就能以极少的价格享受多出 50 种疾病的新保障。但直接这样讲，大部分客户的反应都会是"又要我交钱呗"，很抗拒。

而我的下属想到了这样一个话术："我拿车打比方，跟您说一下这个升级服务。您今天在我们这儿买了最新款的汽车，以后每一年，如果您想升级换代成更新款的，不用把旧车卖了再买新的。您只要把旧车开过来，就能直接开着新车走。只要补一个费用，大概是两款车差价的 1%，就可以。"

这样一说，客户的感受就完全不一样了。

最后是实际演练，把产品介绍给客户，看他们能不能听懂，听完觉得好不好。

你可能会说，直接对着客户演练，说错、说不好，岂不白白浪费机会。这里说的实际演练，并不一定要对着客户讲。你可以叫上朋友、同事或者家人，让他们扮作客户，你对着他们讲。根据他们的疑问和反馈，不断调整。练熟练了，再去拜访客户。

当你掌握了这种一劳永逸的方法，就相当于掌握了一把万能钥匙，无论公司出什么新产品，不用别人教，你自己也能学会。之后只要找到有相关需求的客户，对着他讲出来就好了。

– 程智雄 –

高效：做好客户拜访规划

在新人阶段，很多时候，保险代理人没那么多客户可以选择，能约上客户拜访就不错了。但我们知道这样的方式，效率非常低，

比如，我手下有个新人，有一次，他约的客户一个在朝阳区，一个在海淀区，奔来跑去，下午5点多才吃到当天的第一顿饭，还只是牛肉拉面。为的是，赶回来再见一个西城区的客户。

当然在新手阶段，这也是没有办法的事。但进入新的阶段，你手上已经有一定的客户资源，就不能这么干了，**你要主动规划和管理客户拜访。**

最简单的，就是在约客户时，有意识地把离得近的安排在一起。如果你下周三已经定好要去西城区见一个客户，接下来，你就尽量把西城区的都约在周三；如果碰到朝阳区的，那就放在其他日子。

如果有特殊情况，只能在同一天约到距离较远的几个客

户，还有一个节省时间的方法，就是乘坐公共交通工具或者打车。起码，路上你可以解放双手，做一些沟通性质的工作。

在约客户时还有一个需要提醒的地方：**如果你的工作计划是一天拜访 3 个客户，那你可不能只约 3 个。**万一客户临时有事，你的计划就落空了。但如果约了 5 个，5 个都能见成，是不是又太忙了？那就更需要你规划好拜访客户的路线了。

我自己到后来，还发展出一种**"职团开拓"的方法，就是在一个工作单位，或者一个办公区域内挖掘客户。**这样一来，我只要去一个场所就能拜访到很多客户，单位时间里的产能可能是其他人的几倍。

曾经有一次，我约了一家公司里的十几个客户，有的是老客户定期拜访，有的是还没签约的客户来咨询。最后，我只花了 2 个小时就全部拜访完了。回到公司，才刚刚中午。而其他代理人，大部分还奔波在路上呢。

– 程智雄 –

捷径：想方设法跟高手学习

进入这个阶段，你已经掌握了保险行业里的基础知识，有了基本的认知。但你发现有一些问题不是自己努力学习就能解决的，这时候，一定要主动请教。一家公司里会有很多业绩厉害的人，遇到问题或困难，请他们支招是让自己快速成长的捷径。

很多人可能会问，高手那么忙，不是我去问了人家就会告诉我，怎么办？是守着、缠着高手，让他解答吗？并不是。**你要让高手感受到教你是有价值的。**

比如曾经有个下属为了让我回答他的问题，想了这么一招："经理，我这个问题不是白问的，我会把你的回答总结、归纳，发到群里，让大家都能学习。"我一看，教他一个人就可以教很多人，那当然要回答。

除此之外，你也可以利用公司的培训机会。比如，我自己还曾经"偷学"过一位老师的课程。那位老师很厉害，但我不是他的组员，没资格上他的课，当时我就坐在远处偷听、偷学。后来有一次，我按他的方法给客户做了个方案，见客户前请他指导，老师看了方案很吃惊，甚至把我当成自己的手下，帮我调整了方案。最后，我用那个方案拿下了客户。

所以，平时一定要想尽办法跟高手学习，这可是条提升自己的捷径。

– 程智雄 –

执着：坚持专业性

很多保险新人在和客户谈保险方案的时候，被客户牵着走。客户说自己该买什么、不该买什么，业务员就怎么准备保险方案。但进入新的阶段之后，保险代理人应该坚持自己作为保险代理人的专业性。

我曾经碰到一位客户要买重疾险，看到他原有的保障体系里没有对普通住院医疗的保障，便告诉他，除了重疾，还要再买一份附加医疗险，只需几百元。可是这个客户不喜欢附加医疗险，无论我怎么劝说，就是不肯加。

于是，我选择这个保单不做了。因为如果未来他得了阑尾炎等"小病"，住院、做手术的费用重疾险都没法赔付，他又没有其他医疗保险，这些开销都得自己承担，到时候他就会质疑当初入的保险有问题了。

客户很疑惑："为什么？去掉附加险，我就签字了。"

我说："作为保险代理人，我不希望您暴露在风险之中，因为这个风险最终是要您自己买单的；卖一份存在风险漏洞的保单，我宁可不卖。"

但客户也很执着，坚持要在我这里买重疾险。

最后，我只能说："您想买也可以，找张纸写上：程智雄坚持让你买 ×× 附加险，你不同意，如果万一发生 ×× 的事情，你自己承担。然后签字确认，夹在你的保单里。"

你觉得我是在推卸责任吗？并不是。这是我提示客户保单有漏洞的最后办法。

结果，看到我这么坚持，客户最终同意买附加险了。

其实，附加险只有几百元，跟重疾险几万元比起来只能算是九牛一毛，我完全可以只卖重疾险。但**如果明知有漏洞，还卖给客户，你的专业何在？你的职业操守何在呢？**

－ 程智雄 －

评级：不仅要业绩好，
还要有更高追求

签单、业绩是保险业务人员职业发展的基础保障固然没错，但成为业务骨干后，你要追求一些更高层次的东西。

保险公司通常有一个对业务人员的评级标准，在平安，叫做 AAAA、AAAAA 级业务员，这有点像景区，不同的级别代表了不同的景观水平，A 越多，水平越高。

业务人员的评级考核标准有三项：业绩、投诉率和继续率。

业绩不需要再解释；投诉率的要求是零投诉，如果有投诉，基本上无缘 AAAA 级以上评级；继续率的意思是客户第二年、第三年往后，每一年是否继续缴纳保费。

业绩越高，继续率越高，评级越高。

当然，**评为 AAAA、AAAAA 级业务员，并不只是个口头荣誉，它有实实在在的权益。**打个比方，如果一个客户买的重疾险，最高赔偿金额是 50 万元，通常保险公司就会要求他去体检，以防带病投保。但你是 AAAAA 级业务员，客户就算买 100 万赔偿金的保险，他都可以不用体检。这就是优秀的代理人带给客户的权益。

— 程智雄 —

◎开拓中高端客户

拔尖：先做优秀的自己

在进阶阶段，很多业务员会更进一步，拓展中高端客户。这类客户在哪儿呢？你可能会说：MBA 班、EMBA 班、高端旅行团、健身会所、俱乐部、车友会……

确实，这些地方都不错，但有个难题：你能想到的，别人也都想到了。毫不夸张地说，如果没有面试，一个 MBA 班里几乎有一半得是保险业务员，你凭什么脱颖而出？

我的经验是，不急着做销售，先把自己变优秀，让你的水平、能力匹配上同学，你的热心感染到同学，同学会主动认识你。

以 MBA 班为例，你得认真参加每一堂课，无论有什么任务、作业都力争做到最好。当你成为最优秀的那个学员，大家自然就认识你了。

除了学习，还有两个加分项：主动帮忙、积极分享，成为班里最热心的那个人。有一次，我有位同学的稿子被老师毙掉了，我看过她写的内容，觉得有办法改好，于是主动帮忙，从开始到最后调了好几稿。结果她作为最不被看好的一个，投票评比得了第二名。还有一次，我在班级群分享读书心得，有位同学很受启发，直接把其中一句话当作金句用在了自己的毕业作品里……经过这些事，我跟同学们的关系就亲密了起来，他们一旦有买保险的需求，会第一时间想到我。

其他的场景，也是同样的道理。比如，有些业务员会去报一些高端旅游团，但是往往什么业务都签不下来，就是因为把销售目的暴露得太明显，反而惹人反感。

既然是旅游团，那你就开开心心地旅游，跟团里的游客都搞好关系。并且一路上，尽量多照顾大家。

如果你能在旅途中给其他人留下特别好的印象，甚至跟一些人成为比较好的朋友，以后再去做销售的工作，其实更容易成功。

你可能会说，如果每个业务员都按照前面说的办法，在MBA班、高端旅游团里变成那个优秀的人，在有几个业务员的情况下，大家岂不是仍然会打架？

我必须得说，这种担心，有些多余。

首先，MBA班、高端旅游团的高费用会把一般的业务人员排除在外。而像MBA班，要想进去学习，还要接受考核，也不是任何一个业务人员都能通过的。这些因素加在一起，就已经筛选掉低水平的业务人员了。

其次，并不是所有加入MBA、高端旅游团的业务人员，都能在里头让大家感受到优秀。

我之前有两个徒弟，参加MBA的学习。他们俩当时做了一个关于理财的分享，博得了很多同学的关注。但是在回答同学的现场提问时，两个人就展现出不成熟的一面，没能接得住。

所以，不是任何业务员都能够通过这些活动，结识到高端客户。越是高端的客户，在挑选自己的保险代理人时，要求会越高。你要想获得他们的信赖，要格外注意提高自己各方面的水平。

－ 程智雄 －

试错：碰到高端客户，勇敢去试

07

有些业务人员认识了高端客户后，担心自己说错话，不敢和客户谈；或者觉得高端客户太重要了，一定得准备得万无一失才去谈，结果客户被其他人签走了。

实际上，即便是高端客户，也要勇敢去试。**不谈，你永远不知道他们是怎么想的，你也不知道自己有什么地方需要提升。问题从来不是想象出来的。**

我就曾经对着一个经济条件非常好的客户说："你不担心将来生病没钱治吗？"

当时，那个客户什么都没说，就看着我笑。客户一笑，我就知道自己出问题了。对一般人来说，因病返贫或者没有足够的钱治病，当然是个风险点。但对于高端客户来说，钱并不是问题。他们更在意的是别的方面，比如医疗条件、医疗服务是不是足够好。

我还拜访过一位四十七八岁的女性高端客户。其间，她问我能不能帮忙联系打 HPV 疫苗，我顺嘴回了句："你这个年龄，已经不适合打 HPV 了吧！"

话一出口，我就意识到自己说错话了。客户真的不清楚 HPV 疫苗对年龄有限制嘛？她真正想问的，是有没有更先进的技术或者更高级的疫苗，能够满足她的需求。

虽然这两次我都说错了话，但我如果不去试，我根本无法了解他们的需求，也不会知道，高端客户和一般客户的需求有什么不同，以后碰到类似的情况，正确的话要怎么说。

因此，业务员要敢于去试错。**小步试错，不断迭代，逐渐找到正确的解决方案。**

和客户谈错不可怕，一个错了，就去找下一个，你总会有机会成功的。

－程智雄－

调整：用差别吸引高端客户

08

对于理财类的保险产品，一般客户和高端客户关注的利益点，可以说是完全不一样的。

对于一般人，把存款的一部分拿出去购买理财类的保险产品，最关注的是保不保险、安不安全，然后才是，这个产品能够获得多少收益。他们追求的，是安全保守的理财方式。

而对高端客户来说，他们更认同"富贵险中求"的理念。因为他们自己的财富积累方式，就是敢于做风险大、回报也大的事情。保险稳定的理财方式，就很难让他们提起兴趣。

你如果对着这样的客户说"我们的产品收益，比银行存款高几个点"，客户只会觉得，这点收益为什么值得我投入？

但你可以换一个说法："关于人生的上限，无论投资还是做生意，我肯定得跟您学习。而我跟您谈的，其实是底线的问题，这也是保险产品能够解决的、保障的。

"我知道您生意做得特别好，但是企业运转下来，总归需要保证一定的现金流。像这次疫情，很多企业停工、停产，但厂房的租金、员工的工资还要照付。这时候，年金类的保险产品，就能提供一个相对稳定的现金流给你，应对这种意外的风险。"

告诉客户，虽然收益不高，但是人总需要一些保底的东西，以备不测。

— 程智雄 —

胜出：提升专业性才是捷径

我见过一些业务人员，在跟高端客户谈保险的时候，往往把功夫下在营销、吹嘘，甚至是迎合客户的需求上面。尤其是高端客户，想签下他的业务员非常多，你要胜出，就不能只靠吹嘘。

那该怎么做呢？我的建议是，**把保险的知识吃透，达到精通的程度，在客户面前展现出足够的专业性。**

我曾经跟一家银行的几位保险业务员一起去和高净值的客户谈保险。那家银行出了四个人，而我只有一个人。当时客户关心一个问题：买了保险，离婚后是否作为共同财产被分割。

那几个银行的人言之凿凿地说，买保险绝对离婚不分。

我没有给到客户这么非黑即白、非此即彼的回答，而是跟他说："保险离婚分不分，要具体情况具体分析。比如说，保费如果是你们夫妻俩共同财产出的，和你个人财产出的，肯定不一样。再比如，真有离婚那一天，分的是给意外、疾病的赔偿金，还是说年金的分红，情况也不一样……"这不是我想用什么技巧，而是我深知在离婚这件事上，保险分不分都有详细的规定，没有那么绝对。

客户虽然不是专业人士，但是他能判断出来，哪种说法专业，哪种说法是过度营销、吹嘘。后来，这个客户就选择在我这里买保险产品。

还有一次，我和另一家公司的保险业务员一起去给客户介绍产品方案。

这个业务员在展示的 PPT 里只写了第一年的保费，而没有告知客户，保费金额是要随着年限的增加越来越高，甚至翻上几倍的。这是很不专业的做法。

我就跟客户说："虽然这家公司的品牌好，服务好，但我建议你换一个保险代理人。因为这个人在介绍保费时没有告知你全部信息，尤其是保费的部分。要么这个人专业知识不扎实忽略了，要么他是有意这样设计的。不信，你可以让他拿着今天这份 PPT，去保监会找公证人讲一遍，看他敢不敢。"

听到这里，客户心里就很清楚了。后来，这个客户也在我这里买了保险。

– 程智雄 –

设计：给客户超出预期的体验

要签下高端客户，有足够的专业性是首要的，但另一方面你也不能忽略客户的体验。要想脱颖而出，你可以给客户创造超出预期的体验。

我曾经接待过一个高端客户。由于我所在的平安公司有自己的银行，我当时就把接待地点安排在我办公室楼下的银行，还特意叮嘱银行的同事帮我准备一间好一点的会客室。

这个客户进了银行以后，我们的副行长跟我一起接待了他。当时，客户的表情就很惊喜，觉得自己很被重视。进入会议室以后，他看到电视屏幕上打出了一排滚动的文字"欢迎程智雄经理的客户×××先生"，直接就愣住了。因为他去过那么多次银行，从来没有受到过如此待遇。虽然客户非常有钱，但我给他准备的会议室级别，还是远超过他在我们银行的客户等级。那个屋子，通常情况下，是私行客户才能使用的 VIP 室。

就这样一个设计，就让客户感受到超出预期的重视，后来他不但在我这里签了单，还成了我多年的老客户。

– 程智雄 –

福荫：财富传承可以借力保险产品

　　有句俗话叫"富不过三代"，说的就是，一个家族要想传承财富是很难的事情。如果下一代不是特别能干的人，财富是很难守住的。要是后代败家，家底败光就是迟早的事儿。为了保障后代衣食无忧，很多企业家会设立信托等产品，但其实，保险也能发挥传承财富的作用，把财富细水长流地交到后代手上。

　　我们团队曾经通过保险产品帮一位房地产公司的创始人解决了财富传承的问题。一方面，这笔巨额的保费每年返到的红利金，就能给这个创始人的后代足够的现金保障；另一方面，因为保险是这个创始人买的，任何人都无法取消保单，把保费拿走、挥霍掉，后代即使想败掉，也做不到，没这个权利。

　　如果你和高端客户沟通，传承管理也是很必要的一个切入点。

－吴洪－

第四部分

高手修养

就像进阶阶段一样，在保险行业，成为高手也是有标准的：成为 MDRT 的超级会员。

在高手阶段，保险代理人有两个任务，一个是继续保持各方面突出的能力，另一个是带团队，成为一名优秀的管理者，带领和培养更多的业务员。

◎ 多维度的能力

赋能：拥有总结、输出的能力
01

　　要想吃透产品，新人阶段的基础心法是模仿，进阶阶段是掌握可以复用的方法，到了高手阶段特别是带团队的阶段，自己的能力业务做得好只是一方面，你还要有总结、输出的能力，为自己的团队赋能。具体怎么做？

　　2018 年年底，我们公司出了一款新产品——养老类的年金产品，我用元旦的 3 天时间，钻研了它的核心优势，用一句话概括了年金保险的真正含义：在不确定的时代，把确定的财富在确定的时间用确定的方式交给确定的人，完成确定的事。

　　这句话背后的含义是：经济或者其他因素不稳定，这是不确定的时代；已经挣到的钱是确定的财富；而孩子上学的时间，退休、养老、做财富传承的时间都是相对确定的；确定的方式就是使用哪些工具，比如保险、信托；交给正确的人就是给自己；完成确定的事就是完成客户的养老需求和理财目标。

我用假期制作完成了它的展业工具（对客户展示的工具，比如 PPT）。假期一结束，我就立刻给业务人员培训。由于我用非常简单的句式总结了这个产品的优势，业务员很快就掌握了。当月，我们团队就做到了这个产品的业绩全公司第一名。

但有的主管不擅长输出，就只能等，等到公司要求我把这套工具分享给他们。但那个时候，我们团队已经实战了 3 个月，技巧、流程都锻炼得非常成熟，业绩已经遥遥领先了。这时，对于团队来说，管理者的差别就出来了。

因此高手在这个阶段，一定要培养自己的总结和输出能力，这不仅直接影响到业绩，还能给团队赋能，让他们更好更快地成长。

－程智雄－

深挖：综合金融，挖掘客户的复杂需求

保险代理人只能卖保险吗？不一定，还可以做综合金融。什么意思？就是把保险、银行、证券、期货、信托、租赁等业务综合起来，为客户提供一站式金融服务。

这里需要注意的是，由于国内金融机构实行发牌准入制，目前只有平安和中国人寿可以做综合金融。如果你是这两家公司的代理人，想精进自己的业务，我建议你不要只想着卖保险，而要挖掘更复杂的客户需求。

我曾经碰到一位女性企业家，她在最初找到我的时候只提出了一个明确需求——高端医疗保险。因为她的国籍转到了泰国，没有社保，但她的生活、工作都在国内，平时又倾向选择私立医院就医，于是有这个需求。但你要意识到，这样的客户绝不会只有一种简单的需求。

在和这位客户唠家常的过程中，我发现她的家庭情况比较复杂。首先，她和丈夫离婚了。虽然这段婚姻没能走下去双方都存在问题，但我认为原则性问题出在她前夫身上——

沉迷炒期货，而且一直赔钱。由于她前夫不上班，有比较多的时间陪女儿，离婚后女儿反而更向着父亲，这令客户非常难过。客户想挽回女儿，但苦于没有办法。

我就问了她一个问题："如果等到你女儿40岁的时候，你每个月固定时间给她10万元，雷打不动，每个月如此，你觉得孩子多长时间后会更向着你一些？"客户说："半年吧。"我说："最多三个月。"

任何一个人都不可能一生一帆风顺，钱虽然不是万能的，但一定是有用处的——无论是雪中送炭，还是提供基本的生活保障。如果女儿到了40岁突然发现母亲为自己成立了信托基金，自然会很感动，还会感激母亲的远见。再加上她现在毕竟年纪太小，等到成年、走入社会后，一定会理解母亲为家庭付出的种种。

客户非常认同我的说法，很痛快就答应了为女儿设立信托基金。

接下来我还了解到，她有一个弟弟和一个妹妹。弟弟收入一般，妹妹得过乳腺癌，孩子还很小，全家老小都要指望她这个大姐。她本人的责任感很强，希望未来也能照顾到弟弟、妹妹子女的教育，但担心直接给现金会被用到其他地方。因此，她希望为弟弟、妹妹的子女也设立信托基金。

此外，由于经历过一次不愉快的婚姻，她担心再次遇人不淑，离婚时又要分割出去很大一笔资产。我告诉她，这种情况可以利用保单的时间特性做婚前财产隔离，保费既可以作为现金随时取用，还能确立其属于婚前财产，因为它类似房本，保单上面会标记明确的时间。

最终，通过保险搭配信托的组合，我帮客户为自己女儿和弟弟、妹妹的子女建立了未来的保障底线，把资产分散在较长的时间周期里；还隔离了婚前财产，保费既可以作为现金流应对企业经营中碰到的风险，也可以作为保障，等到客户60岁的时候每年会有100万元的"退休金"。

我能帮客户把案例做成一个规模比较大、时间周期又很长的规划，一方面是基于扎实的专业基础，另一方面就是有意识地挖掘客户的复杂需求。

－程智雄－

做专：根据客户群特点提供服务

在高手阶段，要打动客户，是不是只能送送礼物，组织组织活动呢？当然不是。其实与客户相处，有一个很重要的路径，就是**为客户提供保险之外的专业性建议与服务**。当然，这对保险代理人的要求非常高。

举一个我自己的例子。我曾经认识过一些汽车行业的客户，他们要么是大型汽车公司的经理，要么是老板。但最初我和他们毫无话题可聊，非常苦恼。后来，我专门拿出一段时间去研究整个汽车行业，看行业的调查报告、分析数据等。慢慢地，对汽车行业有了一定认识。

当时有一个做汽车隔音膜配件的客户，生意出了些问题。早些年，由于隔音膜这个配件对汽车来说太不起眼，竞争并不激烈。他又和进口汽车品牌合作，生意做得非常好。但慢慢地，越来越多人意识到这是门好生意，加入市场，竞争越来越激烈，他企业的利润越来越低。

我有一次在电视上看到相关报道，国产车的销量正在抬头，有赶超进口车的趋势，觉得这是一个机会，就建议客户拓展国产车业务，但他不知道怎么做好。我就说："你在这行打拼了那么多年，相关的人脉、资源都很充足，开拓起来并不是难事。而且，你还有一个独门优势。"客户很好奇，我接着说："你可以对国产车品牌说，你是给宝马、奔驰提供配件的。单这一点，就会令你比其他供应商更有竞争力。"

后来，客户听了我的建议，第一年产值提高了 6000 多万元，第二年提高了 1.5 亿元。

当然我能提出这样的建议，是因为我花了专门的时间钻研汽车行业，对汽车业有了自己的认识，对新的趋势也有足够的敏感。而当我能提供的服务不仅仅是保险规划本身的时候，客户对我的信赖就会大大加深，反过来会增强他对我保险代理人这个身份的认可。

有的保险代理人有很多互联网公司的客户，那就应该好好研究互联网行业；有的女性业务员有很多"妈妈客户"，那她就要把子女教育、儿童的吃穿用具等方面研究透。在和客户进行交流的时候，不仅要做到有共同话题，还要能提出有建设性的观点甚至建议。这样建立的信任，完全不是送送礼物可以比拟的。

－ 程智雄 －

通关：拿下高端客户往往
要先通过考验

要取得高端客户的信任，仅仅是和他增加交往频次或者交往深度，是不够的。越是高端的客户，他们通常都有一个要求，就是希望为自己服务的人够专业。有的高端客户甚至会给保险代理人设置考验。

我的客户王总，是一家公司的创始人。第一次正式跟他谈保险方案时，我去了他的公司拜访。当时前台把我领进会议室，王总带了一男一女两个人进来，但没跟我介绍这俩人是谁。后来，我在展示保险方案时，王总提了很多问题，我一个一个回答、解释、说明。

我当时注意到一个细节，就是我每回答完一个问题，王总就转头问身后的两个人"他说的对么"，然后那俩人时不时地点点头。

后来，王总问完他想了解的所有问题后，才笑着对我说："其实，这两个人是我们公司的法务总监和财务总监。"

我当即就明白了，他这是在考验我。如果我当时有一点说得不正确、不专业，被身后的两大"护法"揪住，就一点机会都没了。

所以，在和高端客户打交道时，专业过硬是非常重要的，一点含糊不得。

－程智雄－

应用：发挥保险产品的特殊功用

保险产品通常的作用都是让客户对冲相应的风险，当生病、意外、年老等情况出现时，保险会帮客户分散风险。但保险的功用不止于此。由于保险的一些特性，它还可以运用在更多的场合。

举个例子。我的团队里有一个徒弟，是个"富二代"。在快结婚之前，他的家里人做了一件事，导致婚差点没结成。

当时，他母亲担心万一将来离婚，财产会被分走，便让我徒弟去和女友说要签署财产证明。本来这种担心是人之常情，但他们家刚把两套房子过完户，落在徒弟名下，本身就是婚前财产，婆婆还担心儿媳结婚是图钱，非要再签个财产证明。结果徒弟一说完，女友当场就炸了：这婚没法结了！

眼看婚结不成了，徒弟的母亲就来求助我，看看怎么挽回。我就告诉她，你可以给自己买一份高额的人身年金保险，这份年金保险每年返的钱给儿媳用，既能让儿媳妇有钱花，哄她高兴，万一离婚，也分不出去。我和她说："因为是你的人身年金险，所以你是被保险人，而受益人只能是你的直系亲属。这样一来，平时这笔保费，你儿子没有支配权和拥有权，如果将来离婚，保单的费用也不需要分割出去。"

我还告诉他母亲一套话术，让她对准儿媳妇说。

她就让儿子把儿媳妇叫过来，单独对儿媳妇说："我们家就这一个儿子，但我其实特别想有个女儿，只是没机会。"

儿媳妇是黑着脸进来的，听到这句话后，表情缓和一些了。

她就继续说："我也不知道送你俩什么结婚礼物好，我买了份年金保单，每年都能返不少钱，你就用它旅旅游、买个包、买个表什么的。

"但是我没有办法给你投，咱俩没有直系亲属关系，受益人只能是我儿子，但这钱是给你花的。我真拿你当亲闺女，所以不能亏了你。"

听完这一番话，儿媳妇的怒气就消了不少。一出门，还数落了我徒弟一番："肯定是你传错话了，妈没有那么防着我。"

保单一签，三方的矛盾都得到了解决：父母对孩子的婚姻、财产放心，儿媳妇对婆婆放心，儿子也不用夹在中间不知如何是好。

而这一切的前提是，我把保险产品的属性吃得透，能够利用好保险产品的特性帮客户处理好这段关系。

因此，保险代理人要善用保险的这些功用，如果能为客户解决实际的问题，你还担心签不下高端客户吗？

－程智雄－

规划：帮客户想到一切

很多人跟客户聊疾病等意外风险时，很可能只关注到治疗、吃药等直接费用支出，以此作为依据，制定客户的保额。但这些一般人也能想到，保险代理人的专业价值体现在哪里呢？

这里，我想给你介绍一个"5+1"模型，它是我们团队一直在使用的帮助客户规划疾病风险控制的依据。

首先是模型里的"5"，包括医疗费用、康复费用、收入损失、紧急现金流（押金）和复发风险备用金。

医疗费用很好理解，诸如住院费、门诊费、放化疗药物等我们立刻能想到的费用。康复费用可能有一些人会想到，它也叫医疗外费用，像请护工、吃补品等开销都属于这一类，是医保、医疗险无法报销的。而收入损失又很好理解，如果生的是需要长期疗养的病，无法工作，那收入来源自然有影响，甚至可能会失去工作。当然，真实情况里还可能包括家属陪护过程中的收入损失。

"紧急现金流"你可能有些摸不着头脑。我举个实际的例子，我有一个同事本来是健身达人，有一天却突然得了肺气肿，严重到要上体外心肺。而医院要求，用设备必须先交10万押金。可保险的理赔金通常都是事后给付的，病治完了，人再拿着单子找保险公司理赔。遇到这种特殊情况，如果那一刻拿不出那么多现金，就可能面临失去性命的危险。这就是现金流在医疗保障中的重要性。

最后是复发的可能性。我自己就碰到过一个女性客户，得了宫颈淋癌。比较幸运的是，整个治疗费用只花了10万元，医保可以报销5万，商业保险又赔付了100万元——里外里，等于还"赚"了95万元。

我想问，你会用这95万做什么？买车、买房？继续买保险？或者做别的？这位女性客户当时想换一台车，再加一份保险。但是，她是得过癌症的人，有复发风险，无法再加购保险。于是，她和家人做了一个决定，把这95万存起来，作为以后治病的钱，不做他用。

有了以上5个方面，已经很全面了，那"+1"从何说起呢？再说一个真实案例，我的一个女性客户，查出5公分长的子宫肌瘤，医生建议她手术切除，她更接受服药。半年后再查，变成11公分，需要尽快手术，但预约床位要排五个半月，怕是到时子宫都不一定能保住。找到我，我们通过专属绿色通道，5 天内安排了床位，很快手术，成功切除肌瘤！

可见，在完整版的疾病风险控制规划中，不仅要全方位考虑费用问题，还要充分准备相应医疗渠道和服务。

－吴征宇－

坚持：寻找购买理由，
需要刻意练习

很多人觉得杰出源于天赋，但在我看来，做保险代理人并不存在什么天赋问题，只存在熟练程度问题。要想成为杰出的代理人，坚持是很重要的法门。

说到这里，不得不提我们公司的一位大神，她叫赵小东，年近 70 岁仍然坚守在保险销售的第一线。这位前辈有件事让我印象深刻：从入行第一天起，她就坚持做一件事，每天拜访 6 个客户，并找到他们的购买理由，几十年如一日——这样几十年下来，她连出门洗个车、理个发、买个菜，都能把保险卖出去。

她拿过多次平安业务冠军，每年签约的保单件数达400 ~ 500 份之多。多年前拿到 MDRT 终身会员的资格，还是 MDRT 组织的杂志 *Round Table* 上刊登的第一位中国大陆MDRT 顶级会员。

我自己听过一个极端的例子，你可以感受到，她是如何坚持做一件事的。

有一次，我们公司的董事长和两个大领导请她吃饭。饭前，董事长问了她一句："赵姐都这么大年龄了还在坚持做业务，还做得这么好，是怎么做到的呢？"她只回了一句："我从入行开始每天见 6 个客户。"

然后，她顿了一顿，才接着说："不过，今天因为要见 3 位领导，我没能见到 6 个客户。"说完，就开始吃饭。

席间，赵姐突然问董事长："丁董晋升以后有没有买过自己签发的保单？"

在保险公司，只有董事长有权限签发保单。丁董在晋升之前自然是没有这个权限，如果未来他高升了，也无法签发保单。

丁董回答说："还没买过。"

赵姐就说："那您一定要趁自己当董事长的时候买一份做个纪念啊！之前的李董就买不到自己签发的保单了，他现在买的保单也是您签发的。"

接着，她扭头看着另外两位领导，问："秦总、吴总有没有买过丁董签发的保单呢？"

两位领导立刻说自己现在就买。就这样，赵姐一顿饭签下了三位大领导的单子。

"每天拜访 6 个客户，并找到他们的购买理由"，一生只做一件事，这就是大神区别于普通人的法门。

－ 程智雄 －

顾问：从"以始为终"
到"以终为始"

08

国内的保险人员在推销产品时，大部分用的都是"以始为终"的方式。这是什么意思？就是对客户讲"我们公司实力多么牛，产品多么好，有什么功能……你需要买几份"。

但是我的团队正好相反，我们认为"以终为始"，根据客户的需求再来反推他需要什么样的产品，才是真正能帮到客户的方式。

要想理解这背后的原因，我们先来看看外国中产和我国中产的消费方式有什么差异。

在国外，一个中产家庭往往有一个理财顾问，帮忙设计教育账户、养老账户、疾病风险账户以及需要多少费用等。这个家庭先把收入投入到相应的账户里，就相当于未来有一定的保障，剩下的钱，就可以随便花了，因为底线被保住了。将来无论是看病、孩子上大学，都有足够的保障。这样子，人会生活得很有安全感，也很惬意。

但我们国内往往是，有了钱，先消费，然后碰到什么理财经理、银行专员、保险销售，再买理财产品、保险产品。可这些产品到底能否保障这个人或这个家庭一直衣食无忧，有能力应对各种风险和大的固定开销？答案是未必。

我们团队就借鉴了国外的方式，把自己定位成客户的理财和风险规划师，而不是保险业务人员。

通常来说，一个家庭有 8 项固定费用：日常费用、孩子教育、双方父母养老、本人退休规划、家庭负债（比如房贷）、疾病风险和开销、大人的再教育以及人生梦想（比如环游世界）。我们会跟客户把这些方面都聊得很详尽，然后根据客户的情况做好这些方面的规划，再匹配上相应的保险产品。而不是一上来就对客户说，你需要买什么什么保险。

－吴征宇－

◎ 带团队的心法

设想：你想打造什么样的团队

09

在大多数行业里，员工升为主管，自然就有下属了，比如团队里有 5 个人，其中 A 干得最好，A 晋升为主管，其他 4 人就是下属。

但保险行业不一样：你是个业务骨干，有一天升了主管，但你手下没有任何人，需要自己招人建团队。很多人这个时候不管三七二十一就急匆匆跑出去宣讲招人了，其实这样做的效果并不好。我的建议是，在招人之前，先考虑清楚，自己想打造什么样的团队。

以我为例，我是个终身学习者，我想打造的是"学习型"的团队，成员能够不断钻研、突破，用专业的知识服务客户。成为主管后，我严格按照高学历、高能力的标准选人，虽然只招了十几个人，但个个善于学习，业务上能不断精进，很快我们团队的业绩就达到了平安的第三名 —— 平安一共有 13

万个营业组，而我们的人力规模还比前两名小很多。

当然，除了学习型团队，你还可以打造中产团队、海归团队，等等。

之所以强调主管招人之前要先想清楚打造什么样的团队，是因为这能从源头上控制好团队的整体质量。**既然是一个全新的团队，没有其他老人在里面，为什么不抓住机会自己打造呢？**同时，如果团队气质和主管气质相契合，团队能力和主管能力相匹配，也能更大程度上发挥团队总体的优势。

－程智雄－

招聘：单纯扩张人力，
不如注重人才

10

我手下有一个徒弟，刚升职担任主管后，我问他："你想要一个什么样的团队呢？"

他跟我说："100个人的团队。"

我又问他："假设我有10个人，你有100个人，我们两组人的业绩一样。那么，谁的利润高？谁的平均收入高？"

"肯定是你的。"

保险业里有一个乱象，主管在招聘时一味扩大人力规模，使用人海战术，不关注人才的数量，这也是为什么我的徒弟一张口就想招100人。但这样做的结果是，成员平均水准不高，团队整体的业绩也上不去。

而且，你的团队什么水平，你就可以招到什么水平的人。当你的团队人均年薪只有50万元的时候，你压根不敢挖年薪60万的人，哪怕你很希望他能加入。但是当团队人均年薪达到100万元时，你可以随便招到年薪80万、90万的人，这些人也能很快达到 100 万的水平。这样，整个团队就会在一个较高的水平上运行。

所以**在招聘时，不要单纯扩张人力，而要关注人才。队伍里都是精兵强将，不愁业绩上不去。**

经济学家帕累托提出过一个"二八原则"，这个原则推演到保险行业上也适用——20% 的业务员完成了整个行业 80% 的业绩。在招人的时候，管理者就要尽量找到那顶尖的 20%。虽然这个做法实现起来需要花很长时间，但如果你的团队已经有足够好的成绩，没有人员扩充上的压力，大可以把精力用于找到那 20%。一旦这样的队伍成型，你的战斗力就会是顶级的。

－ 程智雄 －

禁忌：不能为了凑人数而放低标准

保险公司对团队管理者的考核，除了业绩之外，还有团队成员人数的标准。因此，我见过很多人，为了应付人数的要求，放松了原本的招聘标准，结果劣币驱逐良币，最后团队里只剩下低水平的人。

曾经，我手下的一个团队长迫于人数压力，让两个不符合团队招聘模型的人通过了面试。我最初并不知道这件事，等到人招进来，我给他们做入职培训的时候，发现那个组里有两个海归、两个副行长、一个媒体人——都很不错，但是在他们旁边，坐着两个"杀马特"。培训第一天，这批人都在，但是第二天，就只剩下那两个"杀马特"，其他五个很优秀的人全走了。走的那几个人跟我反馈："你们团队很好，但是，你们到底有没有标准啊？"

这个教训非常惨痛。我们花费了很大资源筛选、招聘出来的人才，就因为一时放松，功亏一篑。

所以，在招聘团队成员的过程中，主管一定要顶住人数不够的压力，坚持标准。

- 程智雄 -

在场：保持一线业务的手感

业绩出色的保险代理人在刚当上主管之后，很容易掉进一个坑里：把时间、精力和工作的重心都转移到带人上。

我刚当上主管的时候，就是这样，觉得团队里的每个人都是自己从茫茫人海中精挑细选出来的，所以对于他们在业务上的任何问题，都会随时随处地有求必应，甚至还会上手直接帮他们解决问题。但一段时间后，我发现团队整体的业绩并没有获得提升。

我也常常遇到其他出色的业务人员在升任主管后因为团队业绩不佳，最后不得不退回去当业务员。保险公司都有基本法，业绩达到标准可以做主管，达不到，就要重归业务员，这是没有商量余地的。

因此，**保险管理者的大忌是，光顾着做管理，忽视了做业务**。对于管理者来说，业务和管理同样重要。

首先，你的团队刚成立，团队成员大多是新人，整个团队的业绩要靠你撑起来。比如，团队的业绩指标是 500 万，可能有 400 万是需要你扛下来的。如果你忙着带新人，忽略了业绩，整个团队都无法完成任务，结果很可能是你从管理岗上被刷了下来。

其次，如果你无法用好的业绩来为自己正名，下属也不会服你，不愿意采纳你的指导建议。我曾经带过一个新人，由于他没见过我做业务，对我的很多做法都不认同，在我陪他见完客户后甚至质疑我："你为什么要跟客户那样说？"后来他再见客户压根没叫我。最后，在我把他谈丢了的客户追回来时，他才改变了对我的态度。所以，比起一门心思培养人，以身作则地做好业务是最低成本的管理方式。

再次，如果长期脱离一线业务，缺乏对市场变化的了解，你也很难在管理岗位上干长久。所以我的建议是，管理者一定不要把全部的时间花在团队管理上，就算团队规模越来越大，管理层级越来越多，个人业务在整个工作时间中也要占到一定的比例。当然，级别越高，用在个人业务上的时间越少。一般而言，带 10 人以内的团队，管理人员要保证不低于 60% 的时间，用于个人业务；而 10~100 人的团队，要保证在 30%~40% 的水平上；如果团队规模更大，有几百人上千人，可以占到 20%；到几千人，可以占到 10%。比如我所知道的，太平人寿的吴洪老师，管着近 7000 人的团队，每年也会花近 10% 的时间在个人业务上，一直接触一线市场、保持手感。

－ 程智雄 －

分别：对待下属，不能"一视同仁"

13

团队里的每一个成员，都是主管花了大量的时间、精力层层选拔挑出来的。因此，很多新主管会有一种心理：这些人都是我的"孩子"，我得一个个手把手地带好。

但其实，每个行业都有淘汰率，不是所有徒弟都能带到出师那一天。你要像给客户打分那样，判断下属是不是值得带。

一个团队里大致会分为三类人：有销售天赋的人，不用怎么教，他们的业绩就非常出色；通过激励、训练能够达到比较高业务水平的人；注定带不好，需要被淘汰的人。

第一类人，我必须得承认，无法给出一个精确的描述或者判断标准。如果你做到管理者的位子，碰到这种天赋极高的人，基本一眼就能识别出来。对待这种人，管理者要做的就是给他们定一个足够高的目标，激发他们的潜能就可以了。

而第二类人，我有一个简单的识别标准，就是坚持做了一年没有主动退出或者被淘汰，而且一年下来能够签下 20 单

（不要看保费多少）的业务人员，就是可以通过培养、激励、管理，提升到不错水平的。

至于第三类人，就是一年下来连 20 单都签不到的人。对于这类人，我建议管理人员不要心软，及时劝退。因为这样的人，要么是过于懈怠，要么就是注定不适合这一行，你带也带不出来，何必浪费精力呢？

– 程智雄 –

共情：下属犯了错，先肯定再引导

很多主管发现下属犯了错，一上来就批评，说你这里做得不对，那里干得不好……其实如果只是技术性错误，更好的方法是先肯定他的努力，再提出改进建议，这样下属更容易接受。

为什么这么说？我们不妨站在下属的角度想一想，他们每天面见客户，被拒绝的次数肯定大于被认同的，而每一次被客户拒绝，内心都好像被插上了一把刀。这时候，主管再指责、呵斥，很可能第二天收到的就是辞职信。

所以，我碰到下属见客户说错话、犯错的情况，第一反应不是去否定他，而是先夸他说得不错，"你比我当新人的时候讲得好多了，你听听看我当初是怎么说的……"我会故意把我犯的错说出来，下属听着就容易放松下来，负面情绪也缓和不少。

接着我再提建议："但是随着我接触的客户多了，加上问人、看书，我发现还有其他的回答方式，你再听听看……"这时候，下属如果表示我说得有道理，我就会提醒他"那你把这个记下来，下次再约客户聊之前，咱俩讨论下这个问题。"这样沟通下来，下属既容易把建议听进去，也不会感到不舒服，你的目的就达到了。

－程智雄－

前文讲过，和客户沟通要有同理心，一个好用的工具是"yes，and……"句式，先肯定再解释 / 引导。其实这是一个通用模型，对待客户如此，对待下属也是如此。

搭建：培养业务人员，主动承担团队建设工作

在团队人数不多，只有几个或十几个人的时候，你作为管理者可以亲自带每一个人。但人数到了四五十以上之后，你要是还亲力亲为，就没精力做个人业务了。当然更严重的问题是，如果这个团队只靠你一个人维系，那你不在的时候，这个团队就不转了。

好的管理方式是什么呢？是组织一些功能组，让业务人员主动承担团队建设的工作、任务。比如，保险公司都要开早会，每天早会讲什么，安排谁来做分享，这些事情都需要有人来承担。你就安排几个人轮岗，专门负责早会。

通常情况下，你可以成立四个功能组——组织发展功能组，教育培训功能组，创新发展功能组和业务推动功能组。它们有的负责招聘，有的负责团队内的培训，还有的负责去找新客户。

如果你的团队人数达到百人以上，也可以把功能组切分得更细致。

　　这样做，除了能将你解放出来，还有一个好处，就是当这些业务骨干成长到自己能带团队的时候，他们已经具备一定的管理、组织能力，也有比较好的时间管理能力。毕竟，既要做业务，又要做功能组的事情，就需要他们协调好自己的工作安排。

－吴洪－

第五部分

行业大神

最后一部分，我们进入行业大神的殿堂。我们选取了全球公认的几位大神——用 MDRT 的标准来衡量的话，他们都是多年的 TOT，是全球保险人学习和追随的典范。

图腾：用一生体会保险
价值的梅第[1]

美国大都会人寿的保险业务员梅第（Mehdi），是全球保险从业者心目中的英雄。他投身保险业超过 60 年，连续 40 多年荣登 MDRT 会员，多次担任 MDRT 年会发言人，拥有 20 多个 TOT 荣誉。美国人称他为"美国保险之父"，全球保险界称他为"永远的世界第一"。

梅第在近百年的人生里，每天早上 4 点半起床。投身保险业后，7 点前就开始工作。一周 7 天，拜访客户，几乎全年无休。他说，我是以真诚帮人解决财务保障不足的心态从事保险销售的，与其假日窝在家里看电视，还不如多花点时间拜访和服务客户。

这样的状态一直持续了 60 多年。梅第在 90 多岁高龄且早已财富自由时，仍然坚持在保险销售的第一线，直到去世。

我自己算了一下，以最常规的 8 小时计算（事实上他每天

---

1 本文参考了《无惧与坚持》一书（吴锦珠著，新华出版社 2009 年版）。

工作远远超过 8 个小时），梅第一周工作 7 天，60 年是 17 多万个小时。去掉外出演讲等时间，少说也有 16 万小时。我们都知道 1 万小时理论，对于一位干了 16 倍的人来说，他干什么不会成功？

大家称赞梅第为"永远的世界第一"，并不是说没有人的业绩能超过他，而是说，梅第代表了保险业生生不息的精神，他是全球保险业务员的精神图腾。

当然，除了时间远超他人，梅第在助人为乐方面也是典范。

从小，梅第的父亲就教导他，助人为快乐之本。从事保险业之后，梅第将这一助人的性格发挥到了极致。

有一次，梅第接到了一件人寿保险的理赔案。他赶到客户家里后，很快替客户填好了保险理赔的申请表。客户因为行动不便，请他帮忙看看另外两家保险公司的保单。梅第仔细查看之后，发现这些保单同样可以申请理赔，就在客户授权的情况下，帮他去另外两家公司办好了理赔。

等他把理赔支票送到客户家里时，客户非常高兴，非得给梅第一沓现金作为酬谢。梅第婉拒后，客户又要送酒送礼物，梅第没办法，只好说：如果您实在要表达一下的话，请告诉我几个可能对保险感兴趣的朋友名字吧。

过了几天，梅第收到了客户的一封信，里面详细地列了客户的 21 个朋友的地址和联系方式，还有他们妻儿的名字和年龄。客户帮梅第一一推荐了名单上的每一个人。这 21 个朋友和他们的家属，后来也都成了梅第的客户。

还有一次，梅第的办公室来了一位特别着急的客户，他说："梅第先生，我必须在今天下午 3 点前，存 45 万美元到我的账户里，不然我就要破产了。"梅第赶紧找出这位客户的资料，核查到客户确实能以保单贷款（以寿险保单的现金价值作担保，从保险公司获得的贷款）的方式贷出 45 万美元。但是公司规定，贷款最快也要两天才能办完，根本不可能在当天下午就到账。

面对客户的紧急处境，梅第想尽了办法，先是打电话给自己的领导，又到总公司求助，最后找到公司副董事长，得到的答案都是不行。一般的业务员到这个程度也就放弃了，梅第没有。他又找到副董事长，恳切地请求道，"请无论如何一定要帮我的客户，不能让他破产"。副董事长被梅第的诚意触动，请公司的顾问从客户的保单里贷出了 45 万美元，当天办完了手续，帮助客户顺利度过了危机。

这样的事例很多。客户生病、遭遇意外、家人死亡，梅第都会亲自将理赔的支票送到客户手上。助人的品性让他把保险的功能极大地发挥出来——意外降临时，帮助客户平稳过渡。

梅第说，年轻的时候，他每个星期做两份保单，60年后他每个月参加两个丧礼，为客户的指定受益人送去几百万美金。可以说，他用自己的一生体会、践行保险的价值。

数量：每周拜访 15 个客户的托尼·高登[1]

02

在全世界的保险牛人中，托尼·高登（Tony Gordon）堪称传奇式人物。他在 1977 年获得 MDRT 会员资格，第二年直接越过 COT 阶段，拿下了 TOT 资格。更加不可思议的是，他此后一直保持着超人的业绩水平，TOT 一做就是 36 年。

很多人忍不住问托尼：从普通业务员到超级明星，你的秘诀是什么？托尼说自己用的是笨办法——确保活动量。

托尼上班后有人告诉他："你只要每个星期都有 15 个约访，那么就非成功不可。"那时候，他意识到这是个讲究数字的行业。活动量会影响业务员所做的每件事情——**不管你的成交率有多低，保单的平均金额有多小，只要活动量足够，收入就有保证。**

于是，托尼在速记本上列出每周的约访对象、约访时间，

---

1 本文参考了《只有更好》一书（托尼·高登著，吴薇、晓良译，海天出版社 2005 年版）。

在每个约访对象旁边标上 15、14、13 的序号，一直倒推到 1，每完成一个约访，就把旁边的数字划掉，看下一个。他的目标显而易见：把所有数字划掉，直到零为止。到周五晚上，除非这个星期所有的数字都被划掉，下星期的日程都已排满，否则托尼绝不离开办公室。就这样，他几十年如一日地坚持下来，获得了巨大的成功。

目标："业绩女王"柴田和子[1]

03

在全球保险界，谈到销售业绩，柴田和子是个绕不过去的名字。她被称为"日本推销女神""保险业绩女王"，一个人成交的保单金额能抵上 5 家保险公司的业绩，日本有 3 位首相都是她的客户。

很多人可能觉得，这么厉害的人物起点一定很高，但实际上，柴田进入保险业之前只是家庭主妇。她耀眼成绩的背后，是极强的目标感。从入行开始，柴田就给自己定了一个又一个目标，并为此坚持不懈地努力。

1970 年，MDRT 日本分会刚刚成立，这一年也是柴田从事保险的第一年。从听说 MDRT 的故事开始，柴田就把它当作自己的最高目标。在那时，100 万美元简直是天文数字，结果柴田短短 3 年就成了 MDRT 会员。后来，柴田又为自己设定了东京地区第一名、日本第一名的目标，并一一达成。

1　本文参考了《我是日本销售女神》一书（柴田和子著，黄朋武译，东方出版社 2004 年版）。

1991 年，柴田的销售业绩累计达 2028 亿日元，单年业绩达 68 亿日元，相当于她所在保险公司 804 位业务员一年的业绩，因此被载入吉尼斯世界纪录。

你可能会问，目标谁都会定，为什么只有柴田能做到？有两点秘诀。

第一，日拱一卒。柴田的目标感体现在日常工作的每一天。在她还是新人的时候，每天下班前都会看看同事们的业绩，如果发现自己不是公司保单最多的，就再次出门，争取比别人多签下几份保单，成为最多的业务员。后来她又发现，虽然自己的保单比别人多，但金额并不高，于是就争取每天成交的保单额高一点、大一些。

第二，一旦定下目标，就千方百计去实现。一开始，柴田主要面向个人销售保险，但她发现仍然达不到目标，就去拉企业客户。那个年代网络并不发达，一般人很难了解企业情况，甚至连企业名称都不知道。柴田是怎样获取这些资料的呢？她曾经一整天坐在银行柜台前的椅子上，一听到银行职员喊某某公司，就记录下来，然后再去请求分行行长、次长、贷款课长为她介绍那些企业，就是这样一家家打开了局面。

家庭主妇出身的柴田，凭借目标感取得了人人仰望的业绩。当你觉得自己太渺小，不敢定大目标，或者定了目标想偷懒的时候，想想这位前辈的故事吧。

比方：全球最年轻的 MDRT
终身会员桑杰

如果提到保险销售业绩的"大神"，来自阿联酋的桑杰·托拉尼（Sanjay Tolani）一定榜上有名。

他在 19 岁就成为 MDRT 的会员，是迄今为止 MDRT 最年轻的会员。而在连续 10 年拿到 MDRT 会员后，桑杰在 28 岁成为终身会员——史上最年轻的 MDRT 终身会员。

他是怎么年纪轻轻，就做到如此成绩的呢？

你肯定以为，他是少年天才，天赋异禀。但如果我告诉你，他最独到的地方是善于"打比方"——无论对着什么样的客户，他都能用打比方的方式让对方很容易理解自己购买的到底是什么产品、有什么用，你也许会觉得这也没什么呀！但我给你分享完桑杰的故事，你的看法或许就改变了。

他曾经拜访过一个企业家客户，对着客户解释了一通保险的功用，但客户认为自己足够有钱，无论什么风险都能够抵御得了，不需要保险。

桑杰意识到原来的沟通方式有问题，就换了种套路，让客户意识到保险的重要性。

他先问了客户一个问题："有一块巧克力，外面包裹着一层金箔纸。请问，是巧克力贵，还是金箔纸贵？"

客户说："当然是巧克力贵。"

他接着说："如果这块巧克力掉到了地上，没有金箔纸，巧克力就不值钱了。但如果有金箔纸，虽然巧克力碎了，但还可以吃，价值没有损坏。

"对一块小巧克力来说，它只需要一张不大的金箔纸就够用了。而你的资产这么庞大，相当于一块巨型的巧克力，如果它掉到地上，损失会非常大。所以，你不是不需要保险，你是需要像一张巨型金箔纸一样的保险。"

客户一听，瞬间明白了保险的价值，桑杰也很快签下了保单。

看到这里，你还认为善于打比方只是个可有可无的小技能吗？

事实上，**打比方，是将难以理解、枯燥的保险知识翻译成客户熟悉的话语，这中间的转化，需要极高的智慧，需要对保险有非常深刻的认知。**

育才：从业绩精英到管理
高手的吴征宇

保险行业的淘汰率极高。但是在我们国内有一个团队，新人的留存率达到了 100%，那就是 MDRT 中国区主席吴征宇带领的"太阳系"团队。这是怎么做到的呢？

其实，吴征宇一开始并不想做管理、带团队。他从外企转行进入保险业不到 5 年，就已经做到年薪百万。用他的话说，当时的状态是"工作游刃，时间自由，可以经常休假或上课充实自己"。所以他拒绝了公司想要交给他的管理岗位。

但他在学习教练技术的课程中，碰到一个组员，参加了 3 个月培训还是毫无改变。吴征宇就花一整晚的时间，跟这个组员聊到凌晨，帮他梳理问题、寻找解决方案、深入交流人生体验……后来，这个组员在群里发了满满三个整页的内容——在此之前，他发消息绝不会超过 2 行字。吴征宇突然感觉到，帮助别人成长是一件非常有成就感的事情。于是，他主动跟公司申请担任管理职务。

之后，吴征宇一边把自己的经验输出成培训新人的知识体系，一边帮助团队里的人做个人规划——从业务能力的提升到如何实现财富自由、终身学习。

他的团队管理模式，充分体现了"理性"和"逻辑"。新人从入职第一天起，就要接受为期1个月的封闭式寿险规划师培训。接着，又是2个月的早课，从7:30～8:30，学习风控、保障等内容。而每一个人的成长路径，也有着非常清晰的规划。

另外一边，这个团队又有着跟"太阳系"这个名字一样的温暖氛围。吴征宇会每天拿出四五个小时给团队新人做case study（案例分析），其中二三个小时听新人拜访客户的录音。其实，如果按照收入情况划分，他自己做业务肯定是性价比最高的，其次是培训、讲课。而团队里也不乏专门做培训的训练师、绩优业务人员。但他还是这样亲力亲为，就是因为把每一个成员都当成自己的家人。

吴征宇在团队里有一个绰号，叫"一半是海水，一半是火焰"，就是因为他的管理风格既有高度理性的一面，也有充满温情的一面。

第六部分

行业清单

01　行业大事记

1347 年 10 月 23 日，意大利商人乔治·勒克维伦开出迄今发现的全球第一张保单，承保的是"圣·克勒拉"号船舶从热那亚至马乔卡的航程保险。

第一张保单

第一家保险公司

1568 年，世界上最早的保险公司——英国皇家交易所成立。

1601 年，英国制定了世界上第一部海上保险法律，规定了由保险分担不测事故所致的损失，阐明了海上保险的意义和作用。

第一部海上保险法律

第一家火灾保险公司

1676 年，第一家火灾保险公司——汉堡火灾保险局宣告成立。

1693 年，哈雷编制了第一张生命表，精确表示了每个年龄的死亡率，提供了寿险计算的依据；1762 年，根据保险技术基础设立的人身保险组织——伦敦公平保险社成立。

第一张生命表

第一个互助保险组织

1871 年，英国议会批准劳合社成为保险社团组织，经营海上保险业务；1911 年，英国议会批准劳合社成员可以经营包括海上保险在内的一切保险业务，比如人身险等。

沿用至今的保险法

1906 年，英国通过《海上保险法》，将多年来遵循的海上保险的做法、惯例、案例和解释等用成文法形式固定下来，规定了标准的保单格式和条款，被许多国家沿用至今。

19 世纪，法国拿破仑法典中开始出现民事损害赔偿责任的规定，奠定了责任保险产生的法律基础。

第一部有关责任保险的法律

信用保险产生

19 世纪中叶，信用保险在欧美国家产生，当时被称为商业信用保险。

进入 20 世纪，现代保险的四大门类：财产保险、人身保险、责任保险和信用保险全部形成。

保险四大门类形成

国内第一家国有保险公司成立

1949 年 10 月，中国人民保险公司成立，这是新中国成立后的第一家国有保险公司。

1979 年 4 月，国务院决定逐步恢复国内保险业务，停滞 20 年的中国保险业开始复苏。

中国保险业复苏

第一家外资保险公司进入国内，引入代理人制度

1992 年 10 月，美国友邦保险获准在上海开业，成为改革开放后中国第一家外资保险公司，首次将保险代理人制度引入国内。

1995 年 6 月，《中华人民共和国保险法》颁布。

中国《保险法》颁布

中国保险公司上市

2000 年 6 月 29 日，中保国际控股有限公司（后更名为中国太平）在香港联交所挂牌上市，这是第一家在境外上市的中资保险企业。2007 年 1 月 9 日，A 股保险第一股——中国人寿在上海证券交易所挂牌上市。

2001 年，中国加入 WTO，保险业在金融业中率先开放。美国纽约人寿、美国大都会、日本生命人寿 3 家外资公司获得业务执照。

中国保险业对外开放

保险业"新国十条"颁布

2014 年，国务院发布《关于加快发展现代保险服务业的若干意见》（即"新国十条"），保险业被以"顶层设计"的形式明确了在社会经济中的重要地位。

2016 年中国保险业为全社会提供风险保障 2373 万亿元，中国保费收入首次超过日本成为世界第二。

中国保费总量跃居世界第二

银保监会成立

2018 年 4 月，银保监会成立，中国保险业开启新的监管历程。

2019 年 7 月，最新的 11 条金融业对外开放措施落地，外资保险公司准入条件放宽。

新一轮对外开放

02　行话黑话[1]

（一）业务术语

展业：开展业务，特指保险公司的业务人员开展保险业务。

展业工具：就是帮助业务员开展保险业务推介保险产品的工具，载体包括了线下工具（彩页、手册等）和线上工具（App、H5、小程序），意义在于帮助业务员获客、转化成交，提高效率，也提升客户的体验，包括以下几个类别：

1.行销辅助品：产品的介绍、公司的介绍、公司品宣工具；

2.专业工具：客户需求分析工具、保险计划书生成器、CRM系统；

3.售前服务工具：服务体验包（比如体检卡、肿瘤筛查服务、亲子活动等）、保单整理工具。

拧毛巾：每个保险经纪人都要像拧毛巾里的水一样，挖掘自

---

[1]　部分内容参考了《保险术语（GB/T 36687−2018）》，http://www.iachina.cn/art/2019/4/12/art_81_103473.html，访问时间2020年8月25日。

己的人脉关系，把他们都转化成客户。

促成：在营销过程中，推动客户签保单的引导行为。

带流程：跟客户展示完保险方案后的"促成"行为。

结账：跟客户面谈后，约定下一次面谈的内容、时间。

结案：保险人对赔案中应承担的义务和享有的权利执行完毕的状态。

加保：在保险期限内，经投保人申请并提供可保证明，保险人同意增加保险金额的行为。

减保：在保险期限内，经投保人申请，保险人同意降低保险金额的行为。

主险 / 基本险：可以单独购买的保险产品。

出单：保险人向投保人出具保单，表示保险合同成立的行为。

出险：保险期限内，保险事故发生。

赔付：保险人向被保险人或受益人，进行赔偿或者给付保险金。

通融赔付：根据保险合同的约定，保险人本不应承担或者完全承担赔付责任的情况下，但仍赔付全部或部分的保险金。

育成：把自己的下属培养成团队长，分为直接育成和间接育成，直接育成是业务人员的直属下属成为团队长，间接育成是间接下属成为团队长。

绩优：在保险公司里，业绩突出的保险代理人。

缘故客户：保险代理人原本就认识的人，包括亲属、同学、朋友、同事等。

（二）绩效术语

首年（度）佣金：保险公司根据保险合同第一年收取的保险费的一定比例支付给保险代理人的酬金。

续年（度）佣金：保险公司支付给保险代理人首年佣金以后的年度佣金。

件均：在一段时期内，保险代理人成交保单的平均保费金额。

（三）保险产品

财产保险：以财产及其有关利益为保险标的的保险。

人身保险：以人的寿命和身体为保险标的的保险。

　　附加险：附加于主险或基本险的保险产品，附加险是不可以单独购买的。

　　孤儿单 / 孤儿保单：指因为原营销人员离职而需要安排人员跟进服务的保单。

（四）保险相关对象

　　保险人：通常理解下的保险公司，负责与投保人订立保险合同，并按照合同约定承担赔偿或者给付保险金的责任。

　　投保人：通常理解下的客户，与保险人订立保险合同，并按照保险合同支付保险费。

　　被保险人：其财产或者人身受保险合同保障，并且享有保险金请求权的人。

　　受益人：在人身保险合同中，由被保险人或者投保人指定的享有保险金请求权的人。

03 头部机构

要入职保险行业，你需要了解这一行里有哪些头部企业。国内目前有近 200 家保险公司，在此为你介绍 8 家头部公司（排名不分先后），它们是保险行业的典型代表。

中国人寿

中国人寿保险（集团）公司属国家大型金融保险企业，连续 18 年入选《财富》世界 500 强企业，排名由 2003 年的 290 位跃升为 2020 年的 45 位。

中国平安

中国平安保险（集团）股份有限公司是我国第一家股份制保险企业。在我国，目前只有中国平安和中国人寿两家保险公司有做综合金融业务的资格，而中国平安是唯一拥有金融全牌照范围的保险公司。

平安的定位是金融科技，平安在科技方面的专利和能力是国内保险公司乃至金融机构中最强的。

太平洋保险

太平洋保险是一家综合保险公司，它是中国大陆第二大财产保险公司，也是国内三大人寿保险公司之一。连续 10 年入选《财富》世界 500 强，2020 年位列第 193 位。

中国人保

中国人保是一家综合性保险（金融）公司，世界五百强之一，也是世界上最大的保险公司之一，属中央金融企业。

中国太平

中国太平是历史悠久的民族保险品牌，也是唯一一家总部位于香港的中管金融机构，是中国保险业第一家在境外上市的中资保险企业。

友邦保险

友邦保险是最早进入中国的外资保险公司，也是目前国内唯一一家外资保险公司。1992 年，这家公司首次将保险代理人制度引入国内。

新华保险

新华保险是一家全国性专业化大型寿险企业，主要股东有中央汇金投资有限责任公司、中国宝武钢铁集团有限公司等，实力雄厚。

泰康保险

泰康保险是一家涵盖保险、资管、医养三大核心业务的大型保险金融服务集团。2019 年，泰康以 210.08 亿的利润排名国内寿险公司第三位，排名非上市寿险公司首位。

泰康是最早提出保险产品要与养老社区服务结合这一理念的保险公司，泰康的养老社区也是保险业最早投入使用的社区。

04 行业奖项

IDA-2020 年，中国大陆地区的评奖条件

一、杰出业务奖

铜龙奖：150000 元

银龙奖：450000 元

金龙奖：900000 元

白金奖：1350000 元

说明：以上评奖标准为业务人员首年度佣金收入，不包括组织奖金、训练津贴等。同时，申报者必须完成 36 件以上的个人寿险新合同。

二、优秀主管奖

优秀主管铜龙奖：组织中有 3 位组员达到"国际龙奖 IDA"标准

优秀主管银龙奖：组织中有 6 位组员达到"国际龙奖 IDA"

标准

优秀主管金龙奖：组织中有 9 位组员达到"国际龙奖 IDA"标准

优秀主管白金奖：组织中有 12 位组员达到"国际龙奖 IDA"标准

MDRT-2020 年，中国的入会条件

	佣金（元）	收入（元）	保费（元）
普通会员	214000	370700	642000
超级会员	642000	1112100	1926000
顶尖会员	1284000	2224200	3852000

MDRT-2021 年，中国的入会条件

	佣金（元）	收入（元）	保费（元）
普通会员	171300	296700	513900
超级会员	513900	890100	1541700
顶尖会员	1027800	1780200	3083400

05　专业销售流程

第一步：梳理名单

第二步：设定目标

第三步：电话约访

第四步：初次面谈

第五步：需求分析

第六步：方案呈现

第七步：促成与追踪

第八步：处理拒绝问题和要转介绍

图书在版编目（CIP）数据

这就是保险代理人 / 战轶编著 . -- 北京：新星出版社，2021.1
ISBN 978-7-5133-4234-6

Ⅰ.①这… Ⅱ.①战… Ⅲ.①保险代理－通俗读物 Ⅳ.①F840.4-49

中国版本图书馆 CIP 数据核字（2020）第 223309 号

这就是保险代理人

战　轶　编著

总 策 划：白丽丽
责任编辑：白华昭
营销编辑：龙立恒 longliheng@luojilab.com
　　　　　　王若冰 wangruobing@luojilab.com
封面设计：李　岩
版式设计：靳　冉

出版发行：新星出版社
出 版 人：马汝军
社　　址：北京市西城区车公庄大街丙 3 号楼　100044
网　　址：www.newstarpress.com
电　　话：010-88310888
传　　真：010-65270449
法律顾问：北京市岳成律师事务所

读者服务：400-0526000　service@luojilab.com
邮购地址：北京市朝阳区华贸商务楼 20 号楼　100025

印　　刷：北京盛通印刷股份有限公司
开　　本：787mm×1092mm　1/32
印　　张：8.125
字　　数：126 千字
版　　次：2021 年 1 月第一版　2021 年 1 月第一次印刷
书　　号：ISBN 978-7-5133-4234-6
定　　价：49.00 元